TOP 10

CANCÚN E YUCATÁN

NICK RIDER

PUBLIFOLHA

Codz Poop (Palácio das Máscaras), Kabah; Ek-Balam; Casa com telhado metálico, San Felipe

www.dk.com

Título original: *Top 10 Cancun & The Yucatan*

3ª edição brasileira: 2015

Publicado originalmente na Grã-Bretanha em 2008 pela Dorling Kindersley Limited, 80 Strand, Londres WC2R 0RL, Inglaterra, uma empresa da Penguin Random House.

EDITOR ASSISTENTE: Thiago Barbalho
COORDENADORA DE PRODUÇÃO GRÁFICA: Mariana Metidieri

PRODUÇÃO EDITORIAL
PÁGINA VIVA
TRADUÇÃO: Luis Reyes Gil
EDIÇÃO: Tácia Soares
REVISÃO: Pedro Ribeiro, Paula B. P. Mendes
DIAGRAMAÇÃO: Bianca Galante

Atualização da 3ª edição: Página Viva

Dados Internacionais de Catalogação na Publicação (CIP)
(Câmara Brasileira do Livro, SP, Brasil)

Rider, Nick
Top 10 Cancún e Yucatán / Nick Rider , [traduzido por Luis Reyes Gil]. 3ª ed. – São Paulo : Publifolha, 2014. – (Top 10)

Título original: DK Eyewitness Top 10 Cancun & The Yucatan.
ISBN 978-85-7914-370-0

1. Cancún (México) – Descrição e viagens – Guias I. Título. II. Série.

12-03619 CDD-917.2

Índices para catálogo sistemático:
1. Guia de viagem : Cancún : México 917.2

Este livro segue as regras do Acordo Ortográfico da Língua Portuguesa (1990), em vigor desde 1º de janeiro de 2009.

Impresso na South China, China.

PUBLIFOLHA
Divisão de Publicações do Grupo Folha
Al. Barão de Limeira, 401, 6º andar
CEP 01202-900, São Paulo, SP
Tel.: (11) 3224-2186/2187/2197
www.publifolha.com.br

Sumário

Top 10 Yucatán

As listas Top 10 não estão em ordem de qualidade ou popularidade. As 10 atrações, na opinião dos editores, são iguais em importância.

Foi feito o possível para garantir que as informações deste livro fossem as mais atualizadas disponíveis até o momento da impressão. No entanto, alguns dados como telefones, preços, horários de funcionamento e informações de viagens estão sujeitos a mudanças. Os editores não podem se responsabilizar por qualquer consequência do uso deste guia nem garantir a validade das informações contidas nos sites indicados.

Os leitores interessados em fazer sugestões ou comunicar eventuais correções podem escrever para a Publifolha, Al. Barão de Limeira, 401, 6º andar, CEP 01202-900, São Paulo, SP, ou enviar um e-mail para: atendimento@publifolha.com.br

Capa – **AWL Images:** Peter Adams principal; **hemis.fr:** Bertrand Gardel be. Lombada – **Dorling Kindersley:** Linda Whitwam b; Contracapa – **Dorling Kindersley:** Demetrio Carrasco cea, Linda Whitwan ca, cda.

Passeio por ruínas maias; Região dos hotéis, Cancún; Restaurantes à beira-mar, Cancún

Vila maia, Xcaret; Campeche

TOP 10 YUCATÁN

TOP 10 YUCATÁN

TOP 10 Destaques

A península de Yucatán, no México, tem uma atmosfera especial e imensa variedade de atrações, como algumas das melhores praias e áreas de mergulho do mundo. Os modernos balneários da costa leste, a chamada "Riviera Maia", ficam perto de lindas cidades coloniais espanholas, vilas maias pacatas e impressionantes ruínas de civilizações antigas.

Chacmool, Chichén Itzá

1 Cancún

Maior balneário do México, tem 23km de lindas praias, hotéis luxuosos, restaurantes de todo tipo e atrações que vão de parques aquáticos a imensas casas noturnas para diversão 24 horas *(pp. 8-9)*.

2 Cozumel

Local favorito dos mergulhadores, com mais de vinte recifes corais que encantam tanto quem vai mergulhar de snorkel como mergulhadores com cilindro. Na orla, há ótimas praias e lojas de joias finas *(pp. 10-1)*.

3 Playa del Carmen

É o lugar mais da moda na Riviera, com um porte menor do que Cancún, ótimo para nadar e para mergulhar de snorkel, e com vida noturna sempre animada *(pp. 12-5)*.

4 Isla Mujeres

Uma pacata ilha do Caribe, cheia de conchinhas. Rodeada por recifes ótimos para mergulhar e por locais ideais para pesca *(pp. 16-7)*.

Nas páginas anteriores, **as ruínas maias de Tulum**

5 Tulum

Aqui ficam impressionantes ruínas maias, num rochedo junto a fileiras de palmeiras na areia e hotéis tipo *cabaña* *(pp. 18-9)*.

Reserva Sian Ka'an 6

Área de lagos, recifes, mangues e florestas, quase desabitada, abriga jaguares, macacos e milhões de aves e plantas raras *(pp. 20-1)*.

7 Chichén Itzá

A mais espetacular de todas as cidades maias tem pirâmides no meio de imensas praças, alinhadas com o movimento do sol e das estrelas *(pp. 22-5)*.

8 Mérida

Praças elegantes, pátios à sombra, fachadas caiadas e feiras incríveis fazem desta uma das cidades coloniais mais românticas do México *(pp. 26-7)*.

9 Uxmal

As pirâmides, os palácios e os quadriláteros desta impressionante cidade em ruínas têm uma beleza e elegância especiais, e para muitos refletem o auge da arquitetura maia antiga *(pp. 28-31)*.

10 Campeche

Esta cidade é uma sobrevivente da Era Colonial espanhola. Sua parte histórica ainda preserva muralhas e bastiões, além de um impressionante museu de relíquias maias instalado numa antiga fortaleza *(pp. 34-5)*.

TOP 10 Cancún

Antes de 1970, Cancún era apenas um ponto no mapa; hoje, é o maior balneário do Caribe. Sua Área dos Hotéis ocupa uma imensa e estreita ponta de areia em forma de "7." A Ciudad Cancún, ou Centro, no continente, cresce rapidamente. Por todo o Boulevard Kukulcán há hotéis, shoppings, restaurantes e atrações para visitantes.

O pontal das praias

A partir da ponta norte, há indicações de quilômetros, para você se localizar no Boulevard Kukulcán.

As linhas de ônibus R-1, R-2 e R-15 sobem e descem a Avenida Tulum pela Área dos Hotéis, 24 horas por dia.

Para boa comida mexicana e ambiente local, vá aos restaurantes do Mercado 28, no Centro de Cancún.

- *Mapa H2 e R2-S2*
- *Quiosques de informações turísticas na Prefeitura, (998) 881 9000; www.cancun.travel*
- *Ruínas El Rey, 8h-17h diariam; $4*
- *Ruínas El Meco, 8h-16h diariam; $4*
- *Museo Maya, Bvld. Kukulcán km 16,5, (998) 885 3842; 9h-18h ter-dom; $6*

Destaques

1. Cancún à Noite
2. A Praia
3. Laguna Nichupté
4. Punta Cancún e o "Corazone"
5. Museo Maya
6. Compras
7. Avenida Tulum e Centro
8. Ruínas de El Meco
9. Ruínas de El Rey
10. Wet'n Wild

1 Cancún à noite

A agitada vida noturna de Cancún concentra-se no "Corazone", mas está presente também em toda Ciudad Cancún. Há sempre uma atmosfera de festa em clubes, que vão do mexicano tradicional ao moderno.

2 A Praia

A maior beleza de Cancún são suas praias de fina areia de silicato, branca e macia, que fica sempre fresca apesar do sol quente. Há vários acessos públicos à praia a partir do Boulevard Kukulcán. O lado norte do "7" é melhor para nadar; as praias do lado leste têm ondas mais fortes.

Praia em Cancún

3 Laguna Nichupté

Esta laguna encerrada pela Ilha de Cancún oferece mais tranquilidade do que o oceano e é local de esportes aquáticos. A oeste ficam os mangues e a floresta *(abaixo)*.

4 Punta Cancún e o "Corazone"

O núcleo mais agitado da Área dos Hotéis *(acima)* fica em torno da dobra do "7". Há vários shoppings e centros de diversões, como o Plaza Caracol e o Forum by the Sea, e as casas noturnas The City, Dady'O e Coco Bongo *(p. 81)*.

5 Museo Maya

Um lindo museu dedicado à antiga civilização maia. Bem próximo ao prédio moderno que o abriga há um sítio arqueológico, San Miguelito.

6 Compras

Cancún é um paraíso para compras. Você encontra desde moda internacional nos reluzentes shoppings da Área dos Hotéis *(acima, à esquerda)* até suvenires do México, nos mercados do Centro.

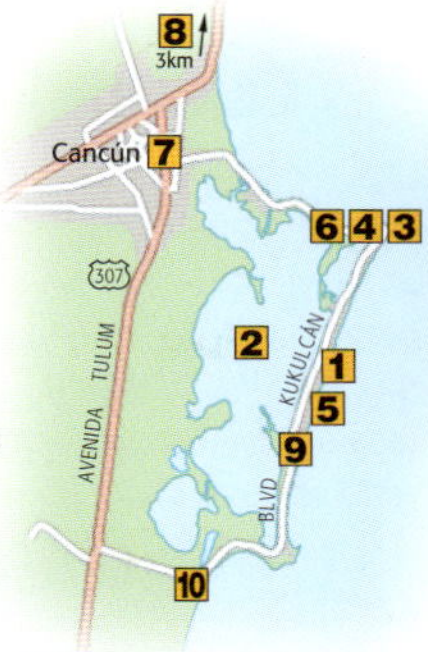

7 Avenida Tulum e Centro

A parte mais central de Ciudad Cancún, com sua atmosfera mais mexicana, é a arborizada Avenida Tulum. Boa para passear e comprar suvenires, oferece restaurantes e cafés mais tranquilos que os da praia.

8 Ruínas de El Meco

Perto do cais de Isla Mujeres, as ruínas de El Meco datam de 300 d.C. *(acima)*. Podem-se apreciar sua impressionante pirâmide e os restos de um grande palácio maia.

9 Ruínas de El Rey

São restos *(direita)* de uma importante cidade maia nos últimos séculos desta civilização, logo antes da Conquista Espanhola. Junto às ruínas há a réplica de uma vila maia, mostrando como era a vida deste povo e os detalhes de sua cozinha tradicional.

10 Wet'n Wild

Com tobogãs e atrações de todo tipo, este imenso parque aquático *(esquerda)* tem uma piscina para mergulhar com arraias e tubarões (inofensivos); outra para interagir com golfinhos; e bungee-jumping desde a Sky Coaster *(p. 58)*.

Balneário em expansão

Cancún começou em 1971, com o primeiro hotel da ilha, o Dreams, no extremo de Punta Cancún. O resto do "7" estava então vazio, só com árvores, dunas e umas poucas casas de praia e alojamentos de pesca. A partir daí, Cancún cresceu – e hoje conta com mais de 29 mil leitos de hotel.

Veja mais sobre Cancún e a parte norte da Riviera Maia nas **pp. 74-83**

TOP 10 Cozumel

A ilha de Cozumel foi a primeira parte do Yucatán "descoberta" pelos visitantes atuais, quando o famoso explorador oceânico Jacques Cousteau chegou aqui na década de 1950. Atrás apenas da Grande Barreira de Coral no porte de seu sistema de corais, Cozumel foi declarada por Cousteau uma das melhores áreas de mergulho do mundo. Os recifes junto à ilha são cheios de vida marinha. A praia de Cozumel é tranquila, ideal para famílias.

Igreja, San Miguel

Porto de San Miguel

As águas de Cozumel são tão claras, e alguns de seus recifes ficam tão perto da superfície, que muitas vezes é possível ver com snorkel ou em mergulho livre o mesmo que se vê com cilindro.

O litoral leste de Cozumel tem vários restaurantes situados em locais de incrível beleza.

- *Mapa H3-4 e R5*
- *Parque Chankanaab, 10h-16h diariam; $21, desconto para menores de 12 anos; aluguel de snorkel à parte*
- *Ruínas San Gervasio, 9h-16h diariam; $9, menores de 6 anos, grátis*
- *Parque Punta Sur, 10h-16h diariam; $15, menores de 6, grátis*
- *Museo de Cozumel, 9h-17h diariam; $5, menores de 8 anos, grátis*
- *Parques Cozumel, (987) 0833; www.cozumelparks.com*
- *Informação turística, (987) 869 0212; www.turismocozumel.com.mx*

Destaques

1. San Miguel
2. Museo de Cozumel
3. Hotéis da Praia Norte
4. Recife Paraíso
5. Laguna Chankanaab
6. Playa Mia e Playa San Francisco
7. Recife Palancar
8. Parque Punta Sur
9. Punta Santa Cecilia e Chen Río
10. Ruínas San Gervasio

1 San Miguel

Única cidade de Cozumel, tem vida pacata, em torno da orla (Malecón) e da Plaza Cozumel. Para compras, há o moderno e luxuoso shopping Punta Langosta e o terminal de cruzeiros *(p. 92)*.

2 Museo de Cozumel

O elegante museu na orla de San Miguel mostra a história da Cozumel maia, a chegada dos espanhóis e o início da era da pirataria. Abriga um adorável café na cobertura *(p. 94)*.

Parque Punta Sur

3 Hotéis da Praia Norte

O maior núcleo de hotéis da ilha fica em uma avenida sombreada ao norte da cidade. Hotéis de vários andares e grandes resorts ocupam uma série de praias exclusivas *(esq.)*. Há piscinas, esportes aquáticos e todo o conforto, além de lindas vistas da Yucatán continental a partir da maioria dos quartos de hotel.

4 Recife Paraíso

Raso e perto da praia, é ótimo para snorkel, para cursos de mergulho com cilindro e para nadar a qualquer hora do dia ou da noite. É comum ver o peixe-papagaio.

5 Laguna Chankanaab

Parque em volta de uma formação de corais *(acima)*, engloba jardim botânico, tanque de golfinhos, uma linda praia e recifes ideais para mergulhadores iniciantes.

6 Playa Mia e Playa San Francisco

Duas das melhores praias de Cozumel *(abaixo, Playa Mia)*, oferecem excelente infraestrutura aquática, de banana boat a mergulho.

7 Recife Palancar

O recife mais famoso de Cozumel possui cânions e cavernas de coral incríveis, em azul e vermelho vivos. Entre as muitas criaturas do mar, destaca-se o luminoso peixe-anjo *(p. 47)*.

8 Parque Punta Sur

Reserva natural com praias onde tartarugas vêm dar cria, área para snorkel e imensos mangues e lagunas em que vivem crocodilos e flamingos. Tem ainda um farol e um pequeno templo maia.

9 Punta Santa Cecilia e Chen Río

O lado leste da ilha é mais rústico e tem ventos mais fortes do que o lado oeste, além de praias rochosas e desertas com ondas fortes, onde pode ser perigoso nadar. Em Punta Santa Cecilia há um bar de praia, o Mezcalito's, com linda vista, e Chen Río tem uma bela praia abrigada e um idílico restaurante *(p. 70)*.

10 Ruínas San Gervasio

A capital maia de Cozumel era uma das cidades religiosas e comerciais mais ricas do Yucatán. Suas pirâmides e pequenos palácios refletem como se dava a vida dentro de uma comunidade maia.

Cozumel Maia

Como santuário a Ixchel, deusa da fertilidade, Cozumel era um dos mais importantes centros de peregrinação do Yucatán antes da chegada dos espanhóis *(p. 36)*. Visitá-la representava algo especialmente importante para as mulheres sem filhos, mas todos na Yucatán maia desejavam fazer a viagem pelo menos uma vez na vida.

Playa del Carmen

Para quem prefere um clima de cidade de praia em vez da longa faixa de hotéis de Cancún, esta é a opção ideal na Riviera Maia. Pequena vila pesqueira com ruas de areia na década de 1980 e reduto de mochileiros no início dos anos 1990, hoje é uma cidade dinâmica com agitada vida noturna.

Quinta Avenida

Leve seu snorkel. Alugá-lo sai caro em Playa del Carmen.

Para boa comida tradicional mexicana por preço barato, escolha um local longe da Quinta Avenida. Na Calle 4 há vários bons restaurantes, de perfil econômico, com frutos do mar, como o Las Brisas *(p. 83).*

- *Mapa H3 e Q4*
- *Informações turísticas: Av 20 e 1ª sur; (984) 873 0242; www.rivieramaya.com; 9h-20h30 seg-sex, 9h-17h sáb, dom*
- *Xcaret, (998) 251 6560; mapa G3 e Q4; 8h30-21h30, passeios diariam de Cancún e Playa del Mar; $100-200, crianças 4-11 anos metade do preço (menores de 5 grátis); www.xcaret.com*

Destaques

1. Praia da Cidade
2. Quinta Avenida
3. A Playa à Noite
4. Hotéis Modernos
5. Ruínas de Xaman-Ha
6. Playacar
7. Aviário Xaman-Ha
8. Playa Tukán e Playa Mamita
9. Praia Chunzubul
10. Xcaret

1 Praia da Cidade

O local mais agitado de dia é a praia principal *(acima)*, com a bela areia branca e macia de Yucatán e muitos barzinhos. Joga-se bastante vôlei de praia por aqui.

2 Quinta Avenida

Estendendo-se ao norte desde a praça da cidade, esta é a principal via de Playa del Carmen para compras de dia e passeios à noite. Ao longo da ampla avenida onde só circulam pedestres há lojas, cafés, hotéis, casas noturnas e restaurantes na calçada.

A orla de Playa del Carmen

3 A Playa à Noite

Quando anoitece, a Quinta Avenida fica cheia de gente que vem passear, comer e beber. Há mariachis em alguns bares e DJs techno em outros. A esquina mais movimentada é a da Quinta Avenida com a Calle 12.

4 Hotéis Modernos

Playa del Carmen é famosa pelos hotéis-butique, como o Mosquito Blue, na Calle 12, o El Faro e o Acanto *(abaixo)* *(p. 127)*. Com suas lindas piscinas, são exemplos de elegância contemporânea.

5 Ruínas de Xaman-Ha

Playa del Carmen fica no local do assentamento maia de Xaman--Ha *(abaixo)*. São vários templos, a maioria deles em torno da área de Playacar.

6 Playacar

Este empreendimento *(acima)* mostra outro lado de Playa del Carmen. Ele abrange resorts, alamedas sinuosas com casas de luxo, um ótimo aviário, ruínas maias, bares de praia, restaurantes e até mesmo um campo de golfe oficial *(p. 56)*.

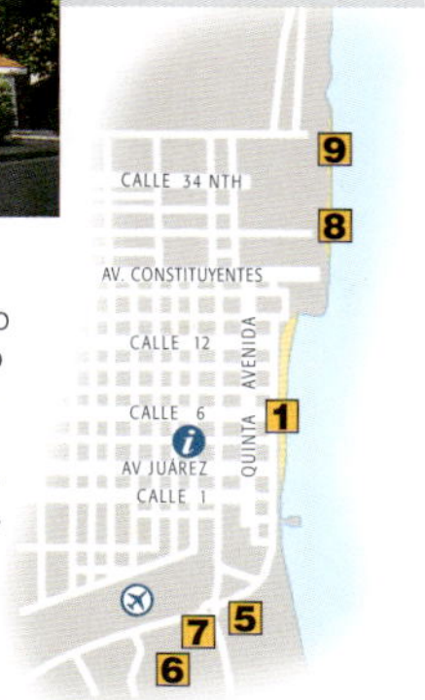

7 Aviário Xaman-Ha

O aviário do Playacar *(acima)* tem uma coleção de tucanos, papagaios, flamingos e mais de 60 outras espécies de aves, num exuberante ambiente que parece uma floresta real. Ótimo para ver algumas das aves mais raras de Yucatán sem ter que ir até a floresta.

8 Playa Tukán e Playa Mamita

Dois clubes de praia com bares-restaurantes tranquilos, aluguel de guarda-sóis palapa e cadeiras, e passeios para mergulho. Hóspedes dos hotéis vizinhos podem usar suas instalações sem cobrança adicional.

9 Praia Chunzubul

Os melhores locais para mergulho aqui são as praias ao norte de Mamita, depois das *cabañas* de Shangri-La *(p. 126)*. Este trecho também tem praias para nudistas.

10 Xcaret

Localizado em volta de uma laguna natural 6km ao sul de Playa del Carmen, Xcaret é um imenso e criativo "eco-parque", com muita flora, fauna e vida marinha *(pp. 14-5)*.

Concurso de Bares de Praia

Sempre popular e foco da cena local desde sua inauguração, nos dias em que Playa del Carmen era só uma vila com palmeiras, o Blue Parrot *(pp. 60-1)* foi eleito "um dos dez melhores bares de praia do mundo" num concurso de uma revista internacional no final da década de 1990. Os jurados devem ter adorado essa pesquisa.

Para mergulho nos recifes de Playa del Carmen, veja **pp. 46 e 124**

Vila maia; Campo de jogo de bola; O Mariposario, ou jardim de borboletas

TOP 10 Playa del Carmen: Xcaret

Rio para mergulhar de snorkel

1 Rio para Mergulho de Snorkel

Este curso d'água de cor turquesa clara permite nadar com snorkel, cruzando o parque e a vila maia até chegar à praia. Passa por cânions rochosos, piscinas e cavernas iluminadas por fachos de luz diurna.

2 Tanques de Golfinhos

Xcaret tem dois tanques junto à praia para os visitantes nadarem com golfinhos mansos. É uma diversão muito popular, mas disponível a um número limitado de pessoas por dia, então agende antes ou assim que chegar ao parque.

3 Trilha Marinha

Fabulosa caminhada guiada ao longo do leito marinho, com o uso de pesos para evitar a flutuação e de um equipamento simples de respiração. Não é preciso saber nadar bem para apreciar o passeio, que permite ver a incrível vida marinha.

4 Enseada La Caleta e Lagoa Azul

Ótimos lugares para nadar. La Caleta ("a Enseada") foi o porto principal da Polé maia e é agora um local de snorkel, com coral e peixes tropicais logo abaixo da superfície. A Lagoa Azul tem águas claras e ultrarrelaxantes junto à praia, com ilhas de vegetação densa para explorar.

5 Vila Maia e Quadra de Jogo de Bola

Com acesso por passagens características, esta vila procura representar um pouco da vida dos antigos maias. Abriga a reconstrução de uma quadra onde era realizado um antigo jogo de bola. Hoje é feita todas as tardes uma interpretação moderna desse misterioso jogo *(p. 25)*. A vila conta ainda com um museu muito bem apresentado junto à entrada do parque.

Cobra-se ingresso adicional para o tanque de golfinhos e para a Trilha Marinha, além do aluguel do snorkel

Tanque de tartarugas

6 Jardim de Borboletas

Uma das melhores atrações de Xcaret é o *mariposario*, maior jardim de borboletas do mundo, que fica escondido numa garganta sob uma rede gigante. Tem muitas flores e vegetação tropical, além de uma estonteante variedade dos insetos. É melhor fazer a visita de manhã.

7 Aviário e Zoológico

Os animais são uma atração constante deste parque. Entre as aves expostas – todas nativas do Yucatán – estão tucanos, os araçaris ou "pequenos tucanos", papagaios e aves raras como o quetzal, cujas penas de sua espetacular cauda enfeitavam os cocares dos chefes maias. Também há macacos-aranha, morcegos e pumas.

8 Tanques de Tartarugas

Perto de La Caleta, é possível ver várias espécies de tartarugas-marinhas – tartaruga-de-pente, cabeçuda e tartaruga-de-couro – em cada um dos seus estágios de vida, desde recém-nascidas a idosas, com seu rosto enrugado e belas carapaças de mais de 1m. Os tanques são parte de um programa de conservação ambiental.

Arara

9 Trilha na Floresta e Viveiro de Orquídeas

Uma trilha bem sinalizada ajuda a explorar outras partes do parque, numa floresta natural exuberante, com atrações adicionais, como colmeias de abelhas, recintos de animais, uma fazenda de cogumelos e um maravilhoso viveiro com mais de cem variedades de orquídeas raras. Pode-se também fazer um passeio guiado mais longo, a cavalo.

10 Show ao Vivo

Com apresentações toda noite, este show ao vivo é um conjunto espetacular e variado de diversões, programadas para a vila e para o teatro. Começa com "antigos ritos maias", mariachis e apresentações vibrantes de músicas e danças folclóricas de todo o México e culmina numa *charrería* – rodeio mexicano.

Show ao vivo

TOP 10 Isla Mujeres

Local onde os primeiros espanhóis chegaram ao México em 1517, a "Ilha Mulheres" tem esse nome devido às imagens da deusa Ixchel encontradas aqui. Embora próxima de Cancún, oferece uma atmosfera pacata e é um antigo reduto de mochileiros. Ótima para mergulho e pesca.

Dolphin Discovery

O centro de Isla Mujeres

Ir de barco de Puerto Juárez a Isla Mujeres é o passeio mais barato e agradável.

Alugue um carrinho de golfe, uma lambreta ou uma bicicleta e conheça a ilha.

Abasteça-se para um piquenique e passeie pela ilha.

- *Mapa H2, S1 e L1-2*
- *Escritório de turismo: Av Rueda Medina 130, à esquerda, saindo do cais; (998) 877 0307; www.isla-mujeres.net; 9h-16h seg-sex*
- *Dolphin Discovery, (998) 193 3350; www.dolphindiscovery.com; $100-170 (nadar com golfinhos), é essencial reservar*
- *Hacienda Mundaca, 9h-17h diariam; $4*
- *Parque Garrafón, (018) 66 393 5158; www.garrafon.com.mx; 10h-17h diariam; $85-199*
- *Parque Escultórico Punta Sur, 10h-18h diariam; $6*

Destaques

1. Centro de Isla Mujeres
2. Playa Norte
3. Playa Secreto
4. Dolphin Discovery
5. Hacienda Mundaca
6. El Garrafón
7. Parque Escultórico Punta Sur
8. Recife Manchones
9. Caverna dos Tubarões
10. Isla Contoy

1 Cidade de Isla Mujeres

A única cidade da ilha ainda parece uma aldeia de pescadores do Caribe, com ruas de areia e casas de madeira cor-de-rosa, amarelas, verdes e azuis. Tem muitos cafés e lojas de suvenires, mas poucos carros.

2 Playa Norte

Esta praia *(acima)* na ponta norte da cidade é o local onde muitos visitantes de Isla Mujeres passam seus dias, com bares tranquilos como o Buho's *(p. 82)*. As areias brancas e as águas claras cor turquesa a transformam em uma praia ideal para nadar tranquilamente.

Barco de pesca na Playa Secreto

3 Playa Secreto

A nordeste do centro da ilha, esta praia *(acima)* fica numa enseada ainda mais rasa e calma do que a Playa Norte, e é maravilhosa para crianças pequenas nadarem. Uma ponte de pedestres liga a ilha ao resort Avalon Reef Club.

4 Dolphin Discovery
Um dos maiores centros interativos de golfinhos da Riviera, oferece várias opções aos visitantes para nadar e mergulhar com essas afáveis criaturas. Há outros centros Dolphin Discovery, em Cozumel e em Puerto Aventuras.

5 Hacienda Mundaca
As ruínas de uma mansão do século XIX *(acima)* erguida por um ex-comerciante de escravos viraram um parque, com um pequeno zoológico.

6 El Garrafón
Este parque e centro de mergulho com snorkel fica ao redor de uma piscina rasa natural *(abaixo)*. Pode-se também mergulhar nos recifes e em uma piscina de natação. Tem restaurantes e oferece aluguel de equipamento.

7 Parque Escultórico Punta Sur
A ponta sul da ilha foi transformada num parque de esculturas, com obras de arte moderna *(direita)* espalhadas pelo promontório fustigado por ventos, que abriga um farol.

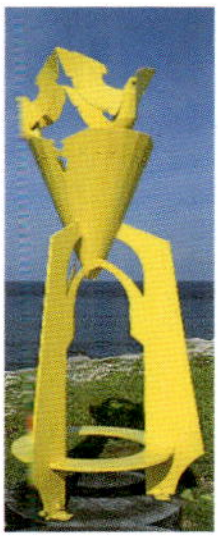

8 Recife Manchones
É o recife mais popular da ilha para cursos de mergulho e para mergulho livre. As águas são seguras, com profundidade de apenas 10m-12m, cheias de corais e de peixinhos.

Os irmãos Lafitte
Os moradores mais ilustres de Isla Mujeres foram os irmãos Jean e Pierre Lafitte, da Lousiana, os últimos grandes piratas do Caribe do século XIX. Navegando para o sul após uma briga com o governo dos EUA, ergueram uma fortaleza na laguna de Isla Mujeres, mas sofreram o ataque da marinha espanhola em 1821. Feridos, fugiram num bote. Pierre morreu em Dzilam Bravo, no Yucatán continental. O destino de seu irmão continua ignorado.

9 Caverna dos Tubarões
O rio subterrâneo se une ao mar nesta caverna e atrai tubarões, que ficam aqui em transe na mistura de água doce e salgada. Só para mergulhadores experientes – não tente acordar os tubarões!

10 Isla Contoy
Ilha desabitada 30km ao norte de Isla Mujeres, Contoy é uma importante reserva de aves marinhas – pelicanos, cormorões, fragatas e colhereiros. Os passeios ficam a cargo de operadoras sediadas em Isla Mujeres.

TOP 10 Tulum

Um dos lugares mais bonitos do Yucatán, Tulum é uma combinação de espetaculares ruínas maias e quilômetros de ótimas praias com palmeiras. Perto daqui fica a melhor área de mergulho em cavernas do mundo. A região é também a mais apropriada do Yucatán para encontrar cabañas *– hospedagem em cabanas com teto de palha junto à praia.*

Ruína maia em Tulum

Cabanas de praia são muito procuradas na alta estação, e as mais baratas já estão agendadas às 10h.

As Diamante-K, cabanas ao norte da junção em T, têm café da manhã vegetariano e bar, aberto também a não hóspedes.

- *Mapa G4 e P6*
- *Informações turísticas: (984) 873 1490; www.rivieramaya.com; www.inah.gob.mx*
- *Ruínas de Tulum, 8h-17h diariam; $5*
- *Xel-Ha Park, (998) 251 6560; www.xelha.com.mx; 8h30-19h diariam; $79, crianças $40, menores de 5 anos, grátis*
- *Parque Natural Tankah: 9h-17h diariam; www.tankah.com.mx, $40-50*
- *Dos Ojos, (984) 157 4721; www.motmotdiving.com; cobra-se por atividade*
- *Gran Cenote e Aktun-Ha/Carwash 9h-17h diariam; $12*

Destaques

1. Ruínas de Tulum
2. El Castillo
3. Paraíso Hippy
4. Paraíso Isolado
5. Tulum Pueblo
6. Gran Cenote
7. Cenote Aktun-Ha
8. Parque Natural Tankah
9. Cenote Dos Ojos
10. Xel-Ha

1 Ruínas de Tulum

A Tulum maia era uma cidade murada e uma próspera comunidade comercial quando os espanhóis aqui chegaram na década de 1520. As ruínas *(acima)* têm uma rua principal, o Palácio do Halach Uinic e a Casa das Colunas.

Praia de Tulum

2 El Castillo

O mais notável edifício maia de Tulum é o grande templo piramidal *(abaixo)*. Antes, uma chama acesa no topo do templo era visível a quilômetros.

3 Paraíso Hippy

Os núcleos mais simples e antigos de *cabañas* – Don Armando, Mar Caribe – ficam no trecho da estrada da praia junto às ruínas. Não é aconselhável para quem quer privacidade ou algo além de duchas e instalações básicas.

5 Tulum Pueblo

A vila de Tulum estende-se ao longo da estrada principal. Quase cem por cento maia há apenas alguns anos, hoje já tem banco, terminal de ônibus, cafés, pequenos hotéis e serviços básicos.

7 Cenote Aktun-Ha

É outro cenote bom para nadar, com uma ampla piscina que entra por uma misteriosa caverna. Aqui podem-se ver muitos cardumes de pequenos peixes tropicais.

4 Paraíso Isolado

No trecho de praia *(esq.)* ao sul da junção T da estrada ficam muitas cabinas de praia, desde *cabañas* com chão de areia àquelas luxuosas, a maioria delas isolada. Poucas têm eletricidade: em geral são iluminadas por velas à noite.

6 Gran Cenote

Na estrada que vai de Tulum a Cobá há vários cenotes acessíveis. O Gran Cenote, rodeado por colunas de pedra e por flores exóticas, é um dos melhores para nadar e mergulhar de snorkel, avançando numa ampla caverna arqueada.

Cenotes

A península do Yucatán é uma vasta laje de calcário com labirintos de cavernas e rios subterrâneos. A água é acessível apenas por cavidades na rocha, chamadas de *cenotes*. Vão desde pequenos poços a cavernas imensas. Sua água, alimentada por fontes subterrâneas, é sempre fria e doce. Nadar em cenotes constitui uma experiência inesquecível no Yucatán, e a área de Tulum representa um centro para mergulho em cavernas.

8 Parque Natural Tankah

Parte da baía de Tankah, o parque oferece jipe, tirolesa e passeios de canoa através de florestas luxuriantes, além da oportunidade de visitar uma vila maia.

9 Cenote Dos Ojos

Fica na entrada do maior sistema de cavernas subterrâneas do mundo, que se estende por mais de 600km.

10 Xel-Ha

Esta ilhota de coral *(acima)* virou um parque onde se pratica mergulho de snorkel, com trilha no bosque e uma praia. Tem peixinhos e é ótima para crianças. Junto à estrada ficam ruínas maias.

TOP 10 Reserva de Sian Ka'an

A selva e os vastos pantanais de Sian Ka'an (que em maia significa "onde nasce o sol") formam um contraste radical com os balneários da Riviera Maia. Estendendo-se ao sul a partir de Tulum ao redor da baía Ascensión, a área abrange lagunas, recifes, lagos, mangues e florestas. É praticamente desabitada e abriga uma impressionante variedade de animais e plantas.

Flamingos

Lago Chunyaxché

As operadoras abaixo às vezes oferecem passeios especiais, para mergulho, observação de aves ou para ver crocodilos à noite.

Em geral os passeios incluem bebidas e lanches, mas se você viaja por conta própria, pode comprar comida ou comer em Punta Allen.

- *Mapa F5-6*
- *A entrada para a reserva custa $5 por pessoa, mas para apreciar o melhor da vida selvagem vale a pena fazer o passeio com alguma operadora*
- *Centro Ecológico Sian Ka'an, (984) 871 2499; www.cesiak.org*
- *Sian Ka'an Tours, Tulum; (984) 871 2202*
- *Os passeios custam cerca de $110 por pessoa • www.siankaantours.org*

Destaques

1. Cenote Ben-Ha
2. Boca Paila
3. Lago Chunyaxché
4. Ruínas de Muyil
5. Ilhas em Lagos
6. Punta Allen
7. Peixe-Rato na Baía Ascensión
8. Mangues e Floresta
9. Aves Nativas e Migratórias
10. Animais

1 Cenote Ben-Ha

Próximo à casa do guarda na entrada da reserva, uma trilha leva ao cenote Ben-Ha *(acima)*, onde é possível nadar no meio da floresta.

2 Boca Paila

Junto a uma linda laguna *(abaixo)*, o Alojamento de Pesca Boca Paila atrai muitos pescadores. Aqui os passeios pela reserva Sian Ka'an trocam as vans pelos barcos.

Ruínas de Muyil

3 Lago Chunyaxché

Sian Ka'an tem muitos lagos, formados por correntes subterrâneas como os demais do Yucatán. Nos canais que vão da laguna até o lago Chunyaxché há muitos pontos onde as águas do mar e do rio se encontram, abrigando uma rica mistura de plantas e peixes.

4 Ruínas de Muyil

As ruínas da cidade maia de Muyil ficam ao lado da reserva. Possivelmente antiga aliada de Cobá *(p. 89)*, Muyil tem uma pirâmide incomum, que ostenta um edifício no alto, com vários quartos. Próximo às ruínas, uma estrada leva ao lago Chunyaxché.

5 Ilhas em Lagos

Há pelo menos 27 ruínas maias dentro da reserva, e muitas delas são pequenos templos situados em ilhas nos lagos. Uma hipótese é que esses templos fossem locais de peregrinação, onde se realizavam rituais especiais.

6 Punta Allen

Dizem que esta pacata vila de pesca de lagosta, com ruas de areia, uma grande praia *(acima)* e uns poucos restaurantes e hotéis, foi fundada pelo pirata Barba Negra, cujo navio se chamava *The Allen*.

7 Peixe-Rato na Baía Ascensión

As águas rasas desta baía são ótimas para pesca, em especial do peixe-rato. Há alojamentos de pesca na estrada, e as pousadas de Punta Allen oferecem passeios até aqui.

8 Mangues e Floresta

A mistura de água doce e salgada nos mangues de Sian Ka'an *(direita)* é ideal para as duas espécies de crocodilo que vivem aqui. No interior, há extensões de floresta tropical e pastos.

9 Aves Nativas e Migratórias

Há cerca de 350 espécies de aves nativas em Sian Ka'an, e um milhão de aves migratórias vem aqui todo ano da América do Norte. As mais fáceis de ver são a íbis, a garçota, o papa-figo, a cegonha *(direita)* e a garça-americana.

10 Animais

Sian Ka'an tem todas as espécies de felinos encontrados no México e na América Central, como a onça e o puma, além de tamanduás, peixes-boi e antas. Mas os mais vistos são racuns, javalis, macacos, raposas e iguanas.

Chechen e Chakah

A toxicidade da pequena árvore chechen pode deixar as pessoas zonzas só com seu aroma. Mas os maias locais, quando deparam com as folhas da árvore, sabem que basta achar um arbusto de chakah, o antídoto natural para a substância tóxica do chechen.

A estrada para Punta Allen é bem ruim e deve ser percorrida apenas com um veículo de tração 4x4 **(p. 90)**

TOP 10 Chichén Itzá

Construída numa escala que parece de outro mundo, Chichén, uma das sete novas maravilhas do mundo, reúne alguns dos maiores edifícios das antigas cidades maias. Tinha um porto perto de Río Lagartos e prosperou com o comércio. Com uma grande população, tornou-se a cidade mais poderosa de todo o Yucatán nos últimos séculos do Período Maia Clássico (750-950 d.C.), derrotando Cobá, Izamal e outras cidades em várias guerras. A visita a estas grandes ruínas é imperdível.

Cabeça de serpente ao pé do Castillo de Kukulcán

Para ter melhor visão de Chichén, hospede-se perto na noite anterior e venha cedo, antes do auge do calor e da chegada dos visitantes de Cancún, por volta de 11h.

A pequena Pisté, a oeste das ruínas, tem restaurantes agradáveis em sua rua principal, como o Las Mestizas *(p. 103)*, com mais charme do que o restaurante do centro de visitantes do próprio local.

- *Mapa E3*
- *8h-17h diariam*
- *www.chichen.com.mx*
- *Show de Sons e Luzes, inverno: 19h diariam, verão: 20h diariam*
- *$8; inclui show, mas paga-se adicional de $2,50 pelos fones de ouvido com comentários em inglês, alemão ou francês; www.inah.gob.mx*

Destaques

1. Show de Sons e Luzes
2. Castillo de Kukulcán
3. Grande Quadra de Jogos
4. Cenote Sagrado
5. Templo dos Guerreiros
6. Praça das Mil Colunas
7. Túmulo do Alto Sacerdote
8. Observatório
9. Convento
10. Antiga Chichén

1 Show de Sons e Luzes

Apresentado toda noite, narra uma história imaginária de Chichén Itzá, enquanto os templos são iluminados por jogos de cores.

2 Castillo de Kukulcán

Não é mais possível escalar esta notável pirâmide *(direita)*, que encerra outra mais antiga, acessada a partir do topo do Castillo. O intricado Calendário Maia é simbolizado aqui em esculturas, em painéis e nos seus 365 degraus.

Castillo de Kukulcán

3 Grande Quadra de Jogos

Construída em 864 d.C., esta é a maior quadra antiga de jogo do país *(p. 25)*. Seus entalhes *(esq.)* e sua acústica são notáveis – a voz ressoa de uma ponta à outra.

Para admirar os melhores entalhes de Chichén Itzá e saber mais sobre o antigo jogo de bola maia, veja **pp. 24-5**

4 Cenote Sagrado

Visitado durante séculos por peregrinos maias, o imenso cenote natural *(esq.) (p. 19)* já teve ossos de animais, esculturas e joias extraídos do fundo.

5 Templo dos Guerreiros

O templo baixo em frente ao Castillo era usado em rituais. Diante dele há fileiras de pilares, com elaborados entalhes retratando importantes figuras da elite de Chichén *(abaixo)*.

6 Praça das Mil Colunas

A floresta de pilares em volta de um quadrilátero gigante antes sustentava tetos de madeira e sapé. Era o principal lugar para negócios em Chichén: compras, vendas e discussões.

7 Túmulo do Alto Sacerdote

Quase um protótipo do posterior Castillo, esta pirâmide tem uma inscrição com a data de sua conclusão: 20 de junho, 842. O nome vem do túmulo escavado ao pé dela, fechado a visitas.

8 Observatório

O observatório *(direita)* é chamado de El Caracol devido à sua forma arredondada. Três aberturas no nível superior apontam na direção sul, e para o pôr do sol e da lua nos equinócios de primavera e outono.

9 Convento

Para os espanhóis, este grupo de edifícios parecia um convento, mas hoje sabe-se que eram nos primórdios da cidade a área residencial e administrativa dos senhores de Chichén. Os edifícios são recobertos por entalhes espetaculares *(abaixo)*.

10 Antiga Chichén

Chichén Itzá cobria área bem maior que a de seu núcleo monumental. Uma trilha leva até Chichén Viejo – um sítio nos bosques, parcialmente escavado, tão antigo quanto as praças centrais.

"Descida" Equinocial

No equinócio de primavera, o sol da tarde bate no rabo das serpentes que ladeiam a escada norte do Castillo e desce até sua cabeça logo antes do pôr do sol. No equinócio de outono, o efeito se inverte. Esta "Descida do Kukulcán" simbolizava o contato da cidade com os deuses. Hoje, muitos vêm ver o fenômeno.

Veja mais sobre as ruínas maias do Yucatán nas **pp. 38-9**

Figura de guerreiro; Representações de Chac, deus da chuva, na fachada do Convento

TOP 10 Chichén Itzá: Os Entalhes

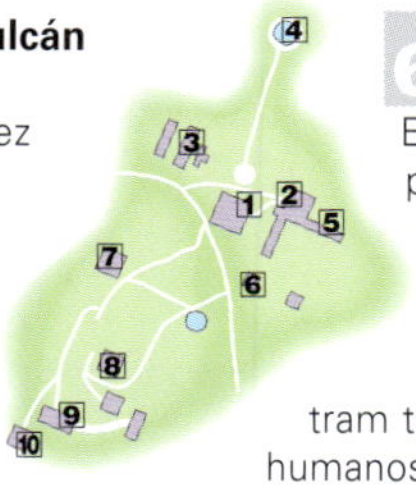

1 Cabeças de Kukulcán

As serpentes com plumas do Castillo talvez sejam símbolos das Serpentes da Visão *(p. 37)*, mas podem estar associadas também ao deus-serpente Quetzalcoatl.

2 Chac Mool e o Altar do Jaguar Vermelho

As figuras reclinadas de Chac Mool eram guerreiros tombados, destinando aos deuses oferendas que iam de comida e joias a corações de vítimas sacrificiais. O Chac Mool do templo interior do Castillo está em pé diante de um jaguar de pedra pintado, símbolo das forças cósmicas.

3 Templo dos Jaguares

Painéis entalhados ligam a fundação de Chichén Itzá ao Pai e à Mãe Primordiais, os criadores do mundo.

4 Friso na Quadra de Jogo

Os jogadores derrotados têm suas cabeças cortadas, e sete jorros de sangue brotam de seus pescoços e se transformam em videiras e flores.

5 Tzompantli

Com esculturas de crânios nos quatro lados, a plataforma da Quadra de Jogo talvez fosse usada para exibir as cabeças das vítimas sacrificiais.

Cabeça de Kukulcán

6 Plataforma dos Jaguares e Águias

Esta pequena plataforma pode ter sido usada nos rituais das Ordens dos Jaguares e das Águias – grupos de guerreiros. Os entalhes mostram tais animais dilacerando humanos para comer seus corações.

7 Colunas dos Guerreiros

Uma "galeria de retratos" dos homens de Chichén. A maior parte são guerreiros em batalha, mas há também sacerdotes e escravos amarrados.

8 Inscrições da Casa Colorada

Registram que vários senhores de Chichén celebraram um ritual aqui em setembro de 869, para garantir prosperidade à cidade.

9 Máscaras Chac de Las Monjas

O focinho curvo do deus da chuva Chac é retratado várias vezes em fileiras no Convento.

10 Caracóis, Tatus, Tartarugas e Caranguejos

Posicionados entre as cabeças de Chac na Iglesia do Convento, estes animais representam os quatro espíritos que sustentavam o céu nos pontos cardeais, segundo a mitologia maia.

Veja mais sobre deuses e espíritos maias na **p. 37**

Top 10 Antigas Quadras de Jogo de Bola Maias

1. Monte Albán, Oaxaca
2. Palenque, Chiapas
3. Toniná, Chiapas
4. Uxmal, Yucatán
5. Chichén Itzá, Yucatán
6. Cobá, Quintana Roo
7. Kohunlich, Quintana Roo
8. Calakmul, Campeche
9. Tikal, Guatemala
10. Copán, Honduras

Jogador com traje de proteção

O Jogo de Bola

Jogador de bola

O antigo jogo de bola mexicano remonta a antes de 1500 a.C. Ele aparece nos mitos maias, como na história dos gêmeos heróis Hunahpu e Xbalanqué, que jogam contra os Senhores da Morte durante dias e noites, desafiando as forças do destino. Havia quadras de jogo em todas as cidades maias. Não se sabe bem como era jogado, mas provavelmente existiam duas formas. A primeira, praticada por dois ou quatro jogadores nos campos mais antigos, menores, tinha como objetivo passar a bola pelos seus adversários até alcançar o final da quadra, sem tocá-la no chão. A segunda realizava-se nos campos maiores, como o de Chichén Itzá, onde se enfrentavam equipes de sete, que marcavam os tentos em grandes anéis dos dois lados do campo. Nos dois estilos, os jogadores só podiam tocar a bola com ombros, peito e quadris, por isso marcar um ponto era muito difícil. Os jogos tinham grande sentido religioso, e às vezes, mas nem sempre, os perdedores eram sacrificados.

Anel esculpido

A Quadra de Jogo

Quadras de jogo de bola são encontradas em todas as culturas antigas do México e da América Central. Seu estilo e tamanho variam, mas todas têm forma de H, como na ilustração deste códex asteca *(acima)*. O jogo era um símbolo do ciclo da vida, e a quadra representava o mundo. Embora os jogos tivessem sentido religioso, sabe-se que também se faziam apostas nos resultados.

TOP 10 Mérida

A mais pacata das cidades coloniais do México, Mérida é uma profusão de fachadas caiadas e casas espanholas em estilo mourisco, com agradáveis pátios sombreados cheios de palmeiras, igrejas altas e simples do século XVII e uma vida urbana tranquila. Fundamental dentro da característica cultura do Yucatán, é o lugar ideal para comprar artesanato tradicional e suvenires.

Catedral

Arco

Peça a *Yucatán Today*, revista gratuita, nos escritórios de turismo. Contém muita informação e mapas úteis.

Muitos dos melhores almoços em Mérida estão em locais fora do eixo turístico do Paseo Montej o. Lembre-se que alguns restaurantes finos fecham ao anoitecer.

- *Mapa C2*
- *Escritório de turismo: Palacio Municipal, Calle 62/61 e 63, Centro*
- *Informações turísticas: (999) 942 0000; www.merida.gob.mx/turismo*
- *Palacio del Gobernador, 8h-21h diariam; grátis*
- *Museo de Antropología, Palacio Cantón, (999) 923 0557; www.inah.gob.mx; 8h-17h ter-dom; $5*

Destaques

1. Plaza Mayor
2. Catedral
3. Palacio del Gobernador
4. Casa de Montejo
5. Calle 60
6. Iglesia de Jesús
7. Parque Santa Lucía
8. Mercado
9. Paseo de Montejo
10. Museo de Antropología

1 Plaza Mayor

Esta praça, coração da antiga localização maia de Ti'ho, foi escolhida como núcleo da nova cidade pelo conquistador espanhol Francisco Montejo, ao fundar Mérida em 1542. Os principais edifícios públicos da cidade ficam a seu redor, e suas colunatas e bancos sob um dossel de loureiros gigantes são ponto de encontro e local de lazer.

2 Catedral

Construída entre 1562 e 1598, é a mais antiga do continente americano (considerando também as ilhas da América, só a de Santo Domingo, na República Dominicana, é mais antiga). Monumental, exibe o estilo sóbrio da renascença espanhola, com alta fachada e poucos detalhes decorativos.

Plaza Mayor

3 Palacio del Gobernador

Vizinha à catedral, a elegante sede do governo do estado de Yucatán foi erguida em 1892, em lugar do palácio dos governantes espanhóis. Seus pátios, abertos ao público, têm notáveis murais *(abaixo)* de Fernando Castro Pacheco.

4 Casa de Montejo
O impressionante pórtico da primeira casa espanhola de pedra em Mérida, que os Montejos mandaram construir em 1549, apresenta uma celebração gráfica da Conquista. O resto da casa foi reconstruído e hoje abriga uma agência bancária.

5 Calle 60
É a via principal de Mérida para passear e comprar suvenires *(acima)*, e vai da Plaza Mayor até o Parque Hidalgo, outro local de cafés e restaurantes.

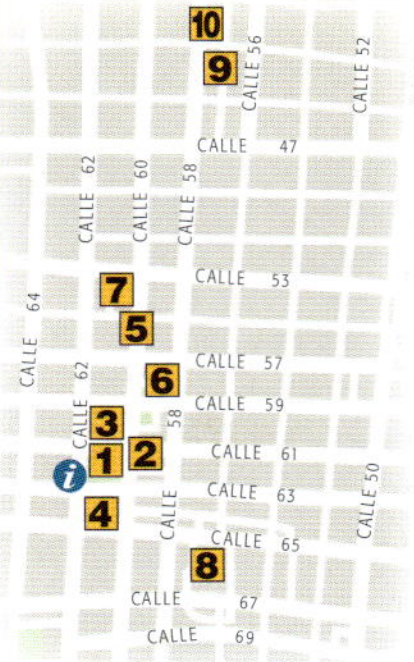

6 Iglesia de Jesús
Os jesuítas ergueram esta igreja em 1618, com mais ornamentação do que os franciscanos, responsáveis pela maioria das demais edificações religiosas da cidade.

7 Parque Santa Lucía
Esta praça com arcadas *(acima)*, em parte datando de 1575, é a mais romântica de Mérida. Todas as quintas-feiras sedia espetáculos gratuitos de música tradicional *(p. 63)*.

8 Mercado
É onde se compra de tudo no Yucatán. Tem bancas com pilhas imensas de pimentas, frutas, alimentos, redes, sandálias, chapéus e rendas *(p. 109)*.

9 Paseo de Montejo
Criado no início do século XX, quando era moda imitar os bulevares de Paris, o Paseo de Montejo exibe belas mansões, algumas com iconografias fabulosas, como a desta águia-e-cobra.

10 Museo de Antropología
A mais majestosa das mansões do Paseo Montejo, construída para o general Francisco Cantón entre 1909 e 1911, abriga um dos mais importantes museus de arqueologia do país. Tem várias peças escavadas de sítios de todo o Yucatán, e muita cerâmica e jade. Suas mostras oferecem uma visão geral do mundo maia, muito útil para quem vai visitar depois as ruínas.

Os Tríos
Ao passear pela Plaza Mayor, quase todas as noites você verá grupos de três homens vestindo camisa branca e calça preta, com violões. São os Tríos de Yucatán, cantores tradicionais que podem ser contratados para românticas serenatas. Também animam festas ou casamentos, e a pedidos cantam lá mesmo na praça.

TOP 10 Uxmal

A mais majestosa das cidades maias em ruínas, Uxmal (que significa "três vezes construída") foi uma poderosa cidade-estado de 700 a 920 d.C. Seus espetaculares edifícios parecem cenários gigantes e foram comparados aos famosos monumentos da Grécia e da Roma antigas.

Casa das Tartarugas

Chegue cedo para evitar o calor mais forte e o excesso de gente. Reserve pelo menos uma manhã para ver o sítio todo.

O Hal-Tun, junto à estrada, uns 2km ao norte das ruínas, é um restaurante de comida típica do Yucatán, com um belo terraço.

- *Mapa C4*
- *Sítio 8h-17h diariam*
- *Show de Luzes e Sons, inverno: 19h diariam, verão: 20h diariam*
- *$15 seg-sáb (Show de Luzes e Sons $8); dê gorjeta para a visita guiada; www.inah.gob.mx*

Destaques

1. Pirâmide do Mago
2. Quadrilátero do Convento
3. Pátio de Dança
4. Casa das Tartarugas
5. Palácio do Governador
6. Grande Pirâmide
7. Casa da Velha Senhora
8. Casa dos Pombos
9. Templo da Centopeia e Arco
10. Show de Sons e Luzes

1 Pirâmide do Mago

Fato incomum, a pirâmide mais famosa de Uxmal *(abaixo)* tem cantos arredondados. O templo no topo é a legendária casa do Anão de Uxmal. Os visitantes, infelizmente, não podem mais subir até lá.

Pirâmide do Mago

2 Quadrilátero do Convento

Este complexo de quatro edifícios era o centro do poder e dos rituais de Uxmal. O nome foi dado por um frade espanhol, a quem lembrou a forma de um convento. Entalhes *(abaixo) (p. 30)* simbolizam a autoridade mágica da cidade e de seus governantes, e seu contato com os deuses.

3 Pátio de Dança

O principal Pátio de Dança de Uxmal é menor do que o Grande Pátio de Chichén Itzá *(p. 22)*. Os anéis de pontuação originais têm a inscrição da data de 901; os que são vistos hoje constituem réplicas.

4 Casa das Tartarugas

Este pequeno templo-residência é considerado o arquétipo do estilo de arquitetura Puuc puro *(p. 31)*. O nome vem da sua cornija decorativa, com uma linha de tartarugas esculpidas na pedra. Esse motivo aparece muitas vezes em Uxmal; era associado ao renascimento de uma vida e à fertilidade que vinha com a chegada das chuvas.

Veja mais sobre as notáveis esculturas de Uxmal na **p. 30**

5 Palácio do Governador

Muitas vezes citado como o mais belo edifício maia, este palácio com mais de 100m de comprimento foi construído para o maior governante de Uxmal, Chan-Chak-Kaknal--Ahaw, ou lorde Chak. Seu friso *(esquerda)* simboliza o tempo e os ciclos da chuva, do sol e do renascimento.

6 Grande Pirâmide

A maior parte desta alta pirâmide *(abaixo)* é mais antiga que o Palácio do Governador, vizinho. Como outros edifícios maias, sofreu várias alterações e acréscimos.

7 Casa da Velha Senhora

Apenas parcialmente escavada, esta grande pirâmide com um templo em estilo Puuc é uma das mais antigas edificações de Uxmal, datando de cerca de 700. Diz a lenda que era a casa da Mãe do Anão.

9 Templo da Centopeia e Arco

Partes não escavadas de Uxmal guardam o Templo da Centopeia. O *sacbé* (estrada maia) que leva a ele continuava até a cidade aliada de Kabah. Um arco marca o limite da parte central de Uxmal.

10 Show de Sons e Luzes

Toda noite os principais edifícios de Uxmal ficam iluminados com cores variadas, e uma gravação conta a história e a lenda de Uxmal.

8 Casa dos Pombos

Este imenso complexo incorpora templos e residências palacianas. Para antigos viajantes, o teto alto do quadrilátero central parecia um pombal *(abaixo)*, daí o nome. Era antes coberto por esculturas.

O Anão de Uxmal

Na lenda maia, Uxmal foi fundada por um *alux* (duende) que contestara a autoridade de um rei local. Este desafiou o anão a construir uma casa, e da noite para o dia surgiu a Pirâmide do Mago. No outro dia, o anão abriu o caminho de Kabah. Como último teste, os dois deveriam receber uma martelada na cabeça. O rei morreu, mas o anão teve a proteção de uma tortilla mágica e passou a ser o governante de Uxmal.

A Boca do Monstro, na Pirâmide do Mago; Deuses Chac; Trono do Jaguar

Top 10 Uxmal: Os Entalhes

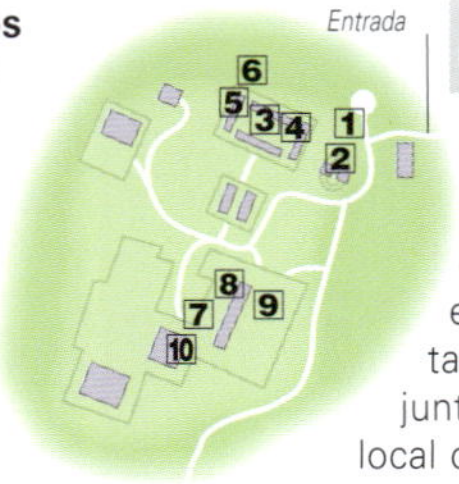

1 Bocas de Monstros
Entradas de templo em forma de imensos rostos de monstros, como na Casa do Anão, na Pirâmide do Mago, faziam a conexão entre o templo e os deuses da terra.

2 Quadrilátero dos Pássaros
Aqui há belas imagens de papagaios e de outras aves, que simbolizam o caráter imprevisível dos elementos da natureza.

3 Quadrilátero do Convento: Cabanas Maias
Entalhes Puuc combinam símbolos complexos com cenas do dia a dia. As cabanas esculpidas no Edifício Sul do Convento diferem pouco das que vemos hoje nas vilas do Yucatán.

4 Convento: Serpentes da Visão
Os padrões semitriangulares no Edifício Leste são as Serpentes da Visão – canais entre o homem e o "Além".

5 Convento: Cabeças de Serpente
As imensas cobras com penas no Edifício Oeste talvez sejam também Serpentes da Visão. Têm rostos humanos.

Palácio do Governador

6 Convento: Flores e Treliças
As treliças simbolizam as cabanas onde eram realizadas as reuniões, e as flores representam a magia. As duas juntas indicam um local cerimonial.

7 Símbolos Muyal
A espiral simples, que se repete no Convento e no Palácio do Governador, é a palavra maia para nuvem, *muyal*, símbolo também da ligação com os céus.

8 Lorde Chak
Acredita-se que a figura de cocar na fachada do Palácio do Governador seja do lorde Chak.

9 La Picota
A coluna fálica chamada de "pilar do açoite" em espanhol tem inscrições que nunca foram decifradas. Fazia parte de um culto à fertilidade, um aspecto característico de Uxmal.

10 Araras da Grande Pirâmide
Araras estilizadas *(guacamayas)* aparecem nas esculturas do templo no alto da Grande Pirâmide, como símbolos da imprevisibilidade da natureza.

Top 10 Cidades Puuc

1. Oxkintok
2. Uxmal
3. Kabah
4. Sayil
5. Nohpat
6. Xlapak
7. Labná
8. Chacmultún
9. Xcalumkín, Campeche
10. Itzimté, Campeche

Cobra com rosto humano, Labná

As Cidades Puuc

Lorde Chak, Palácio Kabah

Uxmal era a maior das comunidades maias que floresceram nos Montes Puuc, sul do Yucatán, entre 650 e 920. Outras cidades são Kabah, Sayil, Xlapak e Labná (pp. 38-9). *Seu estilo de arquitetura é o mais refinado dos adotados pelos construtores maias, e caracteriza-se por fortes linhas horizontais, proporções elegantes e um agudo contraste entre os muros baixos, bem simples, e os frisos com ricos entalhes acima deles. Muitos detalhes arquitetônicos parecem imitar edifícios mais modestos e aspectos naturais, como as pequenas colunas ao longo da parte inferior de várias paredes Puuc, que se assemelham às paredes de paus das cabanas das vilas. As comunidades que viveram nessas cidades eram ricas mas frágeis, pois a região é uma das partes mais secas do Yucatán. De fato, uma severa seca foi talvez a principal razão pela qual as cidades maias do sul se desintegraram rapidamente, em 920-1000 d.C.* (p. 36). *É possível fazer um passeio de um ou dois dias pelas principais cidades Puuc, seguindo a Rota Puuc, ao sul de Uxmal.*

O Codz Poop de Kabah

A fachada principal do Codz Poop (Palácio das Máscaras) em Kabah tem mais de 250 rostos do deus da chuva Chac, cuja longa tromba foi usada para formar os degraus que levam às câmaras do palácio. Para os maias, cobrir edifícios com imagens de deuses dava às construções poderes divinos.

El Mirador, Labná

Nas páginas seguintes, **esculturas em Kabah**

Campeche

A cidade de Campeche é uma notável peça de museu da era colonial. Ruas de pedra, com casas antigas pintadas em suaves azuis, verdes e ocres, ainda se assentam dentro de seus muros, erguidos para repelir ataques de piratas quando esta era uma das grandes fortalezas comerciais do Império Espanhol. O museu real de Campeche, num velho forte, exibe espetaculares relíquias maias da cidade-floresta escavada de Calakmul.

Máscara de jade, Fuerte de San Miguel

O centro de Campeche

Há ônibus especiais "El Guapo" do Parque Principal até os museus dos fortes. Ou pegue um táxi.

La Parroquia, junto ao Parque Principal, é um bar com ótimo café da manhã e pratos de peixe *(p. 110).*

- *Mapa A5*
- *Informações Turísticas: Casa Seis, Parque Principal e Av Ruiz Cortines; (981) 127 3300; www.campeche.travel*
- *Museo de las Estelas Mayas, 9h-17h30*
- *Puerta de Tierra, 9h-20h; grátis*
- *Fuerte San Miguel, 9h-17h30 ter-dom; $2,50*
- *Fuerte San José, 9h30-17h30 ter-dom; $3*
- *Ruínas Edzná, 8h-17h; $3 seg-sáb*
- *www.inah.gob.mx*

Destaques

1. Parque Principal
2. Catedral
3. Casa Seis
4. Puerta de Mar
5. Puerta de Tierra
6. Baluarte de Santiago
7. O Malecón
8. Museu do Fuerte San Miguel
9. Museu do Fuerte San José
10. Edzná

1 Parque Principal

Coração do centro antigo, esta ampla praça antes dava direto na orla, com plataformas para embarque; suas arcadas do século XVIII viviam cheias de marinheiros. Hoje, são ocupadas por agradáveis cafés em meio às árvores.

Forte de San Miguel

2 Catedral

Iniciada na década de 1560, a Catedral de Campeche *(esquerda)* foi construída em estágios e só concluída no século XIX. A imensa fachada é uma das suas partes mais antigas, no estilo renascentista espanhol, típico de muitas igrejas erigidas no reinado de Filipe II.

3 Casa Seis

Elegante casarão no lado oeste da praça, reformado para recriar a moradia de um próspero mercador de Campeche do século XIX. Além de abrigar um escritório de informação turística, tem um pátio para concertos e exposições.

4 Puerta de Mar

Quando os muros da cidade foram concluídos, a Puerta de Mar *(direita)* era a única saída para o porto. O bastião vizinho é hoje o Museo de las Estelas Mayas, com entalhes maias da região de Campeche.

5 Puerta de Tierra

Erguida em 1732, a Puerta de Tierra era a única entrada e saída de Campeche por terra. Dentro, há um interessante museu sobre a história marítima e sobre a presença de piratas na região.

6 Baluarte de Santiago

Este bastião isolado foi aproveitado para abrigar um denso jardim botânico, com palmeiras gigantes e outras espécies da flora tropical.

7 O Malecón

A longa orla marítima foi muito bem restaurada e representa um local popular para passeios a pé ao anoitecer. O pôr do sol no Golfo do México costuma ser magnífico.

8 Museu do Fuerte San Miguel

Esta antiga fortaleza no alto do morro, 3km ao sul da cidade, abriga uma coleção de relíquias maias, entre elas um notável conjunto de máscaras funerárias de jade.

9 Museu do Fuerte San José

Outro forte espanhol, ao norte da cidade *(direita)*, abriga as seções pós-Conquista do museu municipal. Das muralhas tem-se linda vista do mar e da cidade.

10 Edzná

50km a sudeste de Campeche, a cidade maia de Edzná está à altura de Chichén Itzá e de Uxmal em porte e riqueza. No centro fica o complexo do palácio-templo, o "Edifício dos Cinco Andares" *(esq.)*, um dos maiores e mais elaborados de todos os edifícios maias.

A Praga dos Piratas

Entre as décadas de 1560 e 1680, Campeche foi muito atacada por piratas como Henry Morgan e o holandês "Perna de Pau". Por fim, governantes espanhóis e mercadores da cidade ordenaram a construção de um sólido anel de muros e bastiões. Campeche tornou-se então uma das maiores cidades muradas da América Espanhola.

Escrita maia; Forte em Campeche; Pôster revolucionário mexicano

TOP 10 Momentos na História do Yucatán

1 2000 a.C.-100 d.C: Culturas Antigas

Os maias estão no Yucatán desde 2000 a.C. Mas só em 300 a.C.-100 d.C. aparecem traços típicos de sua cultura – como a escrita, o calendário e as cidades-estado. Por tais atributos, os maias devem muito à primeira grande cultura do México antigo, a dos olmecas, que viveram entre 1500 a.C. e 300 a.C.

Escultura olmeca

2 250-900: Era Clássica da Civilização Maia

Por mais de 500 anos na era Clássica, a civilização maia floresceu pelo Yucatán, em Chiapas, no norte da Guatemala e em Belize. A partir de 650, a cultura se expande muito no norte do Yucatán, chegando ao seu auge em Chichén Itzá e Uxmal.

3 800-950: Colapso da Civilização Maia

No relativamente curto intervalo de 150 anos, os maias quase desapareceram, devido a uma série de catástrofes – superpopulação, superutilização de terras exauridas, aumento das guerras entre povos maias e seca. As cidades-estado do sul são abandonadas e a escrita maia praticamente desaparece. No norte, o declínio se dá mais tarde, e as cidades nunca são totalmente abandonadas.

4 1150-1520: Renascimento Pós-Clássico

Após uma lacuna de 200 anos, a cultura maia revive em escala menor no norte do Yucatán, com a cidade de Mayapán. Cidades menores, como Tulum, Cozumel e El Rey (Cancún), desenvolvem-se perto do litoral e viram elos de uma rota comercial com os astecas do México Central e da América do Sul.

5 1517: Os Espanhóis

Uma expedição liderada por Francisco Hernández de Córdoba parte de Cuba e chega ao México, em Isla Mujeres. Segue então para Campeche e Champotón. Atacada pelos maias, é obrigada a recuar.

6 1526-42: A Conquista Espanhola

O Yucatán é conquistado numa terceira tentativa por membros da família Montejo. Depois de

Pintura da Conquista Espanhola

um sítio de meses nas ruínas da antiga Ti'ho, eles tomam o local da nova cidade de Mérida.

7 **1821: Independência**
Com o colapso do Império Espanhol, o Yucatán, que teve administração própria sob o domínio dos colonizadores, a contragosto aceita tornar-se parte do México independente, mas se separa anos mais tarde. Em 1842, uma tentativa mexicana de resgatar o Yucatán à força é repelida.

8 **1847: Guerra das Castas**
Os maias do Yucatán levantam-se contra seus governantes brancos e mestiços na mais bem organizada guerra de nativos americanos já ocorrida nas Américas desde a Conquista – e quase são bem-sucedidos. O momento principal da Guerra das Castas termina por volta de 1850, mas rebeldes continuam a desafiar a autoridade mexicana até 1902 – alguns, até 1930.

9 **1860-1910: O Auge do Henequen**
A economia do Yucatán cresce muito com a demanda global do sisal, feito do cacto *henequen*. Este "ouro verde" é a melhor corda do mundo até a chegada dos sintéticos na década de 1950. A nova riqueza se reflete nas extravagantes mansões de Mérida, nos seus teatros e em outras atrações para magnatas do *henequen* e fazendeiros. O boom em parte sobrevive à Revolução Mexicana de 1910.

10 **1971: O Turismo Chega**
Outra transformação econômica tem início com a abertura do primeiro hotel em Cancún, que marca a chegada da era do turismo.

Deuses e Espíritos dos Antigos Maias

1 **Itzamná**
Deus supremo no Yucatán, pós-clássico, inventor da escrita e deus da medicina.

2 **Ixchel**
Deusa da fertilidade, dos partos e da tecelagem.

3 **Deus do Milho**
Um dos principais, criado pelo Pai e pela Mãe Primordiais (o milho era essencial na antiga América).

4 **Gêmeos Heróis**
Nos mitos maias, os gêmeos Hunahpú e Xbalanqué passam por várias aventuras e desafiam as forças da morte.

5 **Chac**
Deus maia da chuva e do raio, identificável em esculturas por seu grande nariz curvo.

6 **Tlaloc**
Deus da chuva e da guerra do México Central, com estranhos "óculos de natação".

7 **Kukulcán**
Aqui, o poderoso deus pássaro-serpente Quetzalcoatl, do México Central, era conhecido como Kukulcán.

8 **Serpentes da Visão**
Canais entre os deuses e os homens, eram convocadas pelos senhores e xamãs maias durante os rituais.

9 **Tartaruga Cósmica**
Outro símbolo da água e da terra. No mito da criação maia, o Deus do Milho emerge por uma fenda da carapaça da tartaruga cósmica.

10 **Deus Terra**
Os maias viam a terra como um ser vivo, de natureza tanto boa como má. Os templos com Bocas de Monstro *(p. 30)* com frequência são representações do Deus Terra.

El Rey, Cancún; Máscaras, Edzná

Top 10 Ruínas Maias mais Populares

Pátio de Dança, Cobá

1 Chichén Itzá

A mais impressionante das cidades maias, tem edifícios gigantescos, como a grande pirâmide, que virou símbolo do Yucatán *(pp. 22-5)*. *Mapa E3*

2 Tulum

Originada nas últimas décadas da civilização maia, a pequena Tulum é espetacular como a única cidade maia erguida sobre uma praia *(pp.18-9)*. *Mapa G4*

3 Cobá

Era a maior e mais poderosa cidade do norte do Yucatán antes da ascensão de Chichén Itzá. Os edifícios ocupam vasta área de floresta e lagos (alugam-se bicicletas). A Nohoch Mul, com 42m, é a mais alta pirâmide do Yucatán *(p. 89)*. *Mapa F3*

4 Ek-Balam

Cidade compacta, pouco conhecida até recentemente. As escavações de seu maior templo funerário em 1998 revelaram esculturas espetaculares, em especial no El Trono, maior e mais extravagante dos templos maias com boca de Monstro. Há outros edifícios singulares, como uma torre quase espiralada, La Redonda, cujo design é um mistério *(p. 98)*. *Mapa F2*

5 Dzibilchaltún

Logo ao norte de Mérida, este sítio foi ocupado por mais de 2 mil anos. No amanhecer dos equinócios de primavera e de outono, os raios do sol passam pelas aberturas do Templo das Sete Bonecas e pela estrada. Há um grande cenote aqui também *(pp. 53 e 105)*. *Mapa C2*

O Palácio de Sayil, com três andares e 90 quartos

Templo das Sete Bonecas, Dzibilchaltún

6 Uxmal

Imensa e envolvente cidade com alguns dos mais belos edifícios maias, no Quadrilátero do Convento e no Palácio do Governador *(pp. 28-31)*. ✆ *Mapa C4*

7 Kabah

Segunda mais importante cidade Puuc *(p. 31)* depois de Uxmal, à qual era ligada por um *sacbé*, ou estrada. Um grande arco no final desse caminho forma par com o arco em Uxmal *(p. 29)*. O destaque é o Codz Poop, ou "Palácio das Máscaras", cuja fachada exibe mais de 250 rostos de Chac *(p. 106)*. ✆ *Mapa C4*

8 Sayil

Uma das mais ricas cidades Puuc, com 17 mil habitantes em 850 d.C. Seu magnífico Palácio lembra edifícios da Grécia Antiga. A Pirâmide Mirador era o centro da área do mercado *(p. 106)*. ✆ *Mapa C4*

9 Labná

Um dos mais bonitos sítios maias, num vale com bosques cheios de pássaros coloridos. Andar por aqui dá um vislumbre de como era a vida local. Embora pequena, tem lindos edifícios, como o Arco de Labná *(p. 106)*. ✆ *Mapa C4*

10 Edzná

Também está no topo das grandes e ricas cidades do Yucatán da era clássica *(p. 36)*. Seu palácio, o "Edifício dos Cinco Andares", é o maior e mais complexo edifício maia de vários andares *(p. 35)*. ✆ *Mapa B5*

Top 10 Ruínas Menores

1 El Rey, Cancún

Ruínas dos ocupantes históricos da Ilha de Cancún *(p. 9)*.

2 El Meco, Cancún

Cidade pré-hispânica mais importante perto de Cancún *(p. 78)*.

3 San Gervasio, Cozumel

Capital da ilha quando esta era um dos grandes centros de peregrinação do Yucatán maia *(p. 10-1)*.

4 Xel-Ha

Um dos mais antigos sítios maias perto da moderna Riviera, com murais antigos de pássaros *(p. 19)*.

5 Muyil

Sítio maia muito antigo junto à reserva Sian Ka'an, com várias pirâmides no meio da floresta *(p. 21)*.

6 Aké

Com sólidas colunas e imensas lajes de pedra, é bem diferente das demais do Yucatán, e desafia os arqueólogos. ✆ *Mapa C2*

7 Xcambó

Pequena, talvez uma extensão de Dzibilchaltún, com uma capela católica em cima de uma pirâmide. ✆ *Mapa C2*

8 Oxkintok

Cidade antiga a oeste da área de Puuc. À altura de Uxmal em porte, e com um templo-labirinto. ✆ *Mapa B3*

9 Xlapak

O menor dos sítios Puuc. Seu palácio tem um friso com elaborados entalhes de máscaras de Chac. ✆ *Mapa C4*

10 Mayapán

Última grande cidade maia, que dominou o Yucatán de 1200 a 1450, com notáveis afrescos. ✆ *Mapa C3*

Igreja em Ticul; Pórtico, Mérida; Imagem em azulejo em Santa Lucía, Mérida

TOP 10 Cidades Coloniais

1 Valladolid

Valladolid combina uma arquitetura colonial elegante com a atmosfera relaxada de uma cidade-mercado do Yucatán. A praça principal exibe arcadas e casas do século XVII, e além de muitas igrejas a cidade tem um mosteiro franciscano *(p. 42)*. No centro, há um imenso cenote, que antes fornecia toda a água da cidade, e perto, em Dzitnup *(p. 52)*, ficam alguns dos melhores cenotes do Yucatán, ótimos para nadar *(p. 97)*.

2 Tizimín

O nome vem do termo maia *tsimin*, uma espécie de demônio, usado também para se referir aos espanhóis quando eles chegaram a cavalo. Atualmente é a capital da "região pecuária" do Yucatán, entre Valladolid e Río Lagartos. As agradáveis praças gêmeas no centro estão divididas por dois imensos mosteiros, que dão a Tizimín uma aparência de cidade do Mediterrâneo *(pp. 100-1)*.

Estátua, Valladolid

3 Izamal

Conhecida como La Ciudad Dorada, pela cor ocre de seus edifícios, Izamal é a mais completa e preservada das cidades coloniais do Yucatán. No seu centro fica o maior dos mosteiros franciscanos do estado *(p. 43)*, e a uma distância curta estão as escuras pirâmides de uma cidade maia mais antiga. Carroças puxadas a cavalo, as *victorias*, são um dos melhores meios de circular por aqui *(p. 99)*.

4 Mérida

A capital do Yucatán, fundada pelos espanhóis em 1542 no local da cidade maia de Ti'ho, é um encanto. Casas espanholas caiadas, com pátios sombreados, oferecem boas estadias. Apesar do agito de seu mercado (e do trânsito), nas velhas praças da cidade a vida ainda segue um ritmo pacato *(pp. 26-7)*.

Izamal

5 Acanceh

Uma cidade pequena incrível, na qual mais de 2 mil anos de história estão expressos, tanto nos antigos edifícios maias como na bela igreja espanhola do século XVIII. ✎ *Mapa C3*

Portal colonial de casa, Campeche

6 Ticul

Típica cidade pequena do interior do Yucatán, pacata, com atmosfera amistosa, Ticul também é uma excelente base para visitar as ruínas Puuc *(p. 31)*. Calçados são o produto tradicional da cidade, que tem ainda o Restaurante Almendros, afamado por ter apresentado a culinária do Yucatán ao mundo *(p. 71)*.

7 Oxcutzcab

O sul do Yucatán perto dos montes Puuc é uma fértil região produtora de frutas. Oxcutzcab tem um imenso mercado, onde mulheres maias em *huípil* (vestidos brancos com lindos bordados) ficam diante de bancas com pilhas de mangas, mamões papaya, laranjas e melões. Acima dele fica a torre da igreja local, concluída em 1645. ✎ *Mapa C4*

8 Maní

Hoje maravilhosamente pacata, esta cidade foi muito importante na época da Conquista Espanhola, e tem o mais antigo mosteiro missionário franciscano do Yucatán, palco de eventos dramáticos em 1562 *(p. 43)*. A cidade era sede do Tutul Xiu, primeiro lorde maia a aceitar a autoridade da Espanha em 1542. O mosteiro e a cidade ficam no alto de um velho templo-plataforma maia. ✎ *Mapa C4*

9 Teabo

Esta remota cidade se agrupa em torno de sua alta igreja franciscana, construída em 1650-95. A sacristia tem raros murais de santos, descobertos por acaso na década de 1980. A cidade também é famosa por seus ótimos bordados. ✎ *Mapa C4*

10 Campeche

A mais bem preservada das cidades espanholas muradas do México, Campeche possui inúmeros vestígios da era em que foi centro comercial do Império Espanhol e alvo da cobiça dos piratas do Caribe. O centro histórico – com suas igrejas, pátios, grades de estilo andaluz e fachadas em cores pastel – foi restaurado e recuperou todo o seu charme *(pp. 34-5)*.

Igreja do séc. XVIII, Acanceh

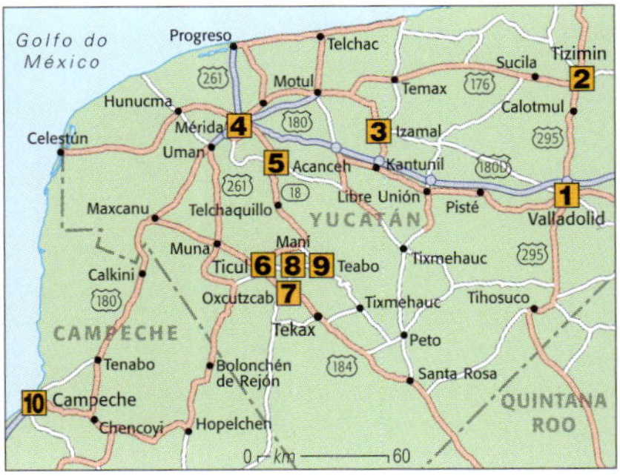

Iglesia de Jésus; Catedral de Mérida; Las Monjas

TOP 10 Igrejas

San Bernardino Sisal, Valladolid

1 San Bernardino Sisal, Valladolid

A mais antiga igreja permanente do Yucatán começou como parte de um mosteiro franciscano em 1552. Ficava fora de Valladolid, para poder funcionar como local de culto para os espanhóis da cidade e como missão para os maias. Dentro há uma peça de altar barroca com uma notável pintura. O claustro fica em volta de um jardim com palmeiras e um grande poço de pedra de 1613, sobre um cenote natural *(p. 97)*. *Mapa E3*

2 San Antonio de Padua, Izamal

O grande mosteiro de Izamal, em ocre e branco como o resto da cidade *(p. 40)*, resume o estilo austero adotado pelos franciscanos que levaram o Catolicismo ao Yucatán. Fundado em 1549, tem um imenso átrio, projetado para abrigar multidões de maias em missas ao ar livre. *Mapa D2*

3 Catedral de Mérida

A primeira catedral da América continental foi erguida pelos conquistadores num estilo considerado muito extravagante pelos líderes da igreja. O desenho, na verdade, é simples, pouco ornamentado, e o interior em pedra branca, solene. As figuras que ladeiam a imponente entrada principal representam os santos Pedro e Paulo *(p. 26)*. *Mapa C2*

4 Iglesia de Jesús, Mérida

Construída para a ordem dos Jesuítas e concluída em 1618, tem um interior barroco dourado que contrasta muito com a simplicidade das igrejas franciscanas. No exterior, procure vestígios de entalhes em algumas pedras – foram extraídos de templos maias *(p. 27)*. *Mapa C2*

Portal, La Mejorada

5 La Mejorada, Mérida

Esta grande igreja com fachada simples, de aspecto bem espanhol, foi construída em 1640 como parte de um convento fran-

As igrejas abrem de 7h-13h e de 16h-21h diariam, mas os horários podem mudar. Quase todas são gratuitas.

ciscano, o último a ser desocupado em Mérida, fechando somente em 1857. Atrás da igreja, alguns dos antigos edifícios do mosteiro abrigam hoje uma escola de arquitetura. ✆ *Mapa C2*

Detalhe de altar, Mosteiro de Maní

6 Las Monjas, Mérida

A igreja "Das Freiras" data da década de 1590 e nasceu como capela de um dos primeiros conventos fechados das Américas. O mirante, similar a um castelo ou a uma torre de vigia, com sua galeria incomum, servia para as freiras tomarem ar sem deixar o convento. As grades no interior separavam as freiras dos fiéis. ✆ *Mapa C2*

7 Mosteiro de Maní

Primeiro mosteiro missionário do Yucatán, consagrado em 1549, é simples, com fachada de pedra e um claustro em forma de caverna. No exterior havia um altar ou "Capela Indígena", para missas ao ar livre na praça. Em 1562, os franciscanos se deram conta de que muitos maias praticavam sua velha fé em segredo, e fizeram um auto de fé na praça, queimando centenas de manuscritos maias e relíquias pagãs *(p. 41)*. ✆ *Mapa C4*

8 Tekax

Concluída em 1692, esta imensa e bem proporcionada igreja tem estilo mais leve do que as do primeiro período colonial. As igrejas de Teabo e Oxcutzcab são similares *(p. 41)*. ✆ *Mapa C4*

9 Catedral de Campeche

Mérida e Campeche começaram a construção de suas catedrais na mesma época, mas a de Campeche sofreu várias paradas; por isso, enquanto a fachada central é de 1600, a torre da esquerda data de 1750, e a da direita, de 1850. ✆ *Mapa A5*

10 San Roque, Campeche

As igrejas de Campeche em geral são mais coloridas que as de Mérida e as do centro do Yucatán. San Roque é um exemplo extravagante do barroco mexicano, com uma luxuosa peça de altar ornamentada por gesso branco. ✆ *Mapa A5*

Catedral de Campeche

Tulum; Puerto Morelos

TOP 10 Praias

Cancún

1 Cancún

Este é o balneário com o trecho mais longo de praia, com os maiores hotéis e shoppings e quase todas as atrações, de parasailing a parques aquáticos. As praias do norte da ilha são as melhores para nadar, mas podem ficar cheias demais. Nas praias de surfe do leste é possível achar um cantinho (mas verifique as condições de segurança, *p. 119*). *(Veja também pp. 8-9.)*

2 Isla Mujeres

O porte menor desta ilha indica praias mais tranquilas, especialmente na Playa Norte, perto do centro, com águas calmas e seguras. A ilha é um bom centro de mergulho *(pp. 16-7)*.

3 Puerto Morelos

Embora fique entre Cancún e Playa del Carmen, Puerto Morelos não abriga grandes construções. Tem muito espaço na sua longa praia de areia branca, com pelicanos voando. Perto, há um recife para mergulho de snorkel *(p. 46)*. *(Veja também p. 76.)*

4 Playa del Carmen

Ponto mais moderno e de maior crescimento na Riviera Maia hoje, bom para compras, passeios, bares e para ver pessoas na cidade. Há quilômetros de baías magníficas com palmeiras indo para o norte, e ao sul o empreendimento Playacar tem suas próprias praias, mais estreitas *(pp. 12-3)*.

Playa Norte, Isla Mujeres; Playa Tukán, Playa del Carmen

5 Cozumel

Os fãs desta ilha dividem-se em três grupos: mergulhadores, passageiros de cruzeiros e famílias. Os melhores pontos de mergulho estão nos recifes mais distantes, mas as praias calmas do litoral oeste de Cozumel são boas para snorkel. A cidade de San Miguel tem um ar turístico e relaxado *(pp. 10-1)*.

6 Puerto Aventuras

Esta cidade-resort de estilo mediterrâneo foi construída em volta de uma ilhota natural do litoral. Hoje contém a mais bem equipada marina da Riviera, cercada por vilas de férias com mansões e apartamentos. Tem ainda um Dolphin Discovery Center *(p. 17)*, campo de golfe, quadra de tênis e uma série de hotéis.

7 Akumal

Uma adorável área que se estende por belas baías de areias brancas e mar calmo. Há alguns grandes hotéis, mas em geral os apartamentos e os condomínios predominam. É um ótimo centro de mergulho *(pp. 47 e 88)*.

8 Tulum

O local do Yucatán mais procurado por quem quer se instalar numa cabana de teto de palha junto a uma praia. Na ponta norte há cabanas baratas onde você tem a oportunidade de interagir com vizinhos, e no sul encontram-se mais privacidade e conforto *(pp. 18-9 e 47)*.

Akumal

9 Progreso

Todo fim de semana e em julho e agosto milhares de meridanos pegam a estrada até Progreso para aproveitar suas praias e os ótimos restaurantes de frutos do mar. O ambiente é animado, bem mexicano. O mar cor de opala é ideal para nadar *(p. 105)*.

10 Celestún

A maioria dos turistas vai a Celestún para ver flamingos *(p. 49)*, mas ela é também uma vila tranquila, com longas praias de areia branca com barcos de pesca. Há bons restaurantes de praia *(p. 111)* e o pôr do sol daqui é magnífico *(p. 105)*.

Recife Paraíso; Mergulho com snorkel

TOP 10 Recifes para Mergulho

1 Recifes em Cancún
Apesar das praias bastante cheias e do pequeno porte dos recifes mais próximos, ainda há muito para se ver aqui. Os passeios de snorkel incluem os mangues da Laguna Nichupté e o recife em Punta Nizuc *(pp. 8-9)*. *Mapa K4 e K6*

2 Manchones, Isla Mujeres
Um recife com fascinante variedade, de 1km de extensão e a apenas 10m de profundidade. A área de Sac Bajo, junto à laguna ao sul de Isla Town, é boa para snorkel, e há recifes incríveis mais afastados da ilha *(pp. 16-7)*. *Mapa L2*

Peixe nadando no coral

3 Paraíso, Cozumel
Cozumel possui a maior extensão e variedade de recifes para mergulho com snorkel ou cilindro, para todos os níveis. Paraíso e a vizinha Chankanaab têm águas claras, com peixes-papagaio, caranhos prateados e corais de estranhas formas, logo abaixo da superfície *(pp. 10-1)*. *Mapa R5*

4 Palancar, Cozumel
Um coral extraordinário com cânions gigantes que parecem descer direto da superfície até o fundo do mar. Perto, os recifes Yucab e El Cedral são famosos pelas colônias de moreias e de garoupas, e pelos seus estranhos corais *(pp. 10-1)*. *Mapa Q6*

5 Puerto Morelos
Uma das praias continentais mais agitadas e agora protegida como parque marítimo. O recife fica muito perto da areia, por isso é ideal para snorkel e mergulho para iniciantes. As operadoras de Puerto Morelos prestam serviço personalizado *(p. 76)*. *Mapa R3*

6 Playa del Carmen e Chunzubul
Playa del Carmen é a base de várias operadoras de mergulho de alto padrão, que levam mergulhadores iniciantes e experientes até os recifes próximos e a outros locais da Riviera *(pp. 12-3)*. *Mapa Q4*

Para uma lista de centros de mergulho no Yucatán, veja **p. 124**

Tartaruga

7 Xpu-Ha
Os recifes desta praia são um dos destinos favoritos das operadoras de Playa del Carmen. Há muitos peixes-anjo, cangulos e peixes-papagaio, além dos exuberantes corais *(pp. 86-9)*. ⓢ *Mapa P5*

8 Akumal
As praias daqui são área de reprodução de tartarugas-marinhas, que convivem com a interferência das construções nas baías. Os recifes junto às praias proporcionam maravilhosos mergulhos de snorkel ou de cilindro *(p. 88)*. Akumal também é um centro para mergulho em cavernas, com o Villas de Rosa Hotel *(p. 130)*. ⓢ *Mapa P5*

9 Tankah
Uma praia bem menos conhecida, com poucos hotéis *(p. 130)*, ótima para mergulho longe das multidões. Como em Akumal, o recife fica bem perto da costa *(p. 90)*. ⓢ *Mapa P6*

10 Tulum
Maior centro da Riviera para mergulho em caverna *(p. 52-3)*. As operadoras também trabalham em recifes próximos, de um mar supertransparente *(pp. 18-9)*. ⓢ *Mapa P6*

Top 10 Seres dos Recifes

1 Corais em Leque
Delicadas folhas que vêm desde o chão do oceano e ondulam graciosamente.

2 Pepinos-do-mar
Criaturas em forma de tubo, pele dura e espinhosa, assentadas no leito marinho ou em fendas do coral.

3 Guaiúbas
Estão entre os peixes mais comuns daqui, com rabo amarelo e barbatanas pretas. Vivem em cardumes imensos.

4 Peixes-anjo
Têm cores espetaculares, formato de leque, faixas luminosas e manchas amarelas e azuis.

5 Sargentinhos
Rápidos, pequenos, com listras verticais em preto e amarelo.

6 Baiacu
Peixe bizarro, ao ser provocado incha ingerindo água, a fim de deter seu agressor.

7 Peixes-papagaio
Há várias espécies e tamanhos, mas a maioria é bem colorida e parece sorrir amistosamente.

8 Raias
As arraias-águias, com manchas, agitando elegantemente suas "asas" como se voassem na água, são comuns em alguns recifes de Cozumel.

9 Barracudas e Tubarões
Os recifes do Yucatán têm muitas variedades destes peixes – mas é raríssimo humanos serem atacados.

10 Tartarugas-marinhas
Hoje ameaçadas, vêm à praia depositar seus ovos na areia por toda a parte sul da Riviera Maia.

Recife de coral; Vida marinha de Río Lagartos; Tartarugas; Cegonha

TOP 10 Reservas

1 Isla Contoy

Reserva desabitada numa ilha ao norte de Isla Mujeres, com aves marinhas como pelicanos, mergulhões e fragatas. Tem mangues, praias de reprodução de tartarugas e lagunas com corais. Várias lojas e operadoras de mergulho de Isla e de Cancún oferecem passeios de um dia; verifique o que cada opção inclui *(p. 17)*. *Mapa H1*

2 Parque Punta Sur, Cozumel

Grande área na ponta sul de Cozumel, com imensa variedade de paisagens – floresta, dunas, praias de tartarugas, recifes para mergulhar e lagunas – mais crocodilos, flamingos e muitas outras aves. Tem torres de observação, centro de informação e museu marítimo, e pode-se subir no farol de Punta Celaraín *(p. 11)* *Mapa R6*

Pelicano de Isla Contoy

3 Puerto Morelos

O recife em Puerto Morelos, agora protegido como parque marinho, é um dos mais intactos na parte norte da costa Maia. Com snorkel pode-se apreciar a vida marinha – lagostas, esponjas gigantes, o luminoso peixe-papagaio e o peixe-anjo. As operadoras de mergulho oferecem passeios de baixo impacto *(p. 46)*. *Mapa R3*

4 Sian Ka'an

De longe a maior reserva natural do Yucatán, com florestas, mangues e lagunas quase intocados pelos humanos, e em toda a sua complexidade. Tulum é o ponto de partida para passeios pela reserva *(pp. 20-1)*. *Mapa F6*

5 Punta Laguna

Macacos-aranha são bem comuns no Yucatán, mas dificilmente vistos. Um ótimo lugar para encontrá-los é esta pequena reserva, numa densa floresta em volta de um lago próximo a Cobá. Os aldeões levam os visitantes aos melhores pontos. Os macacos aparecem mais de manhã cedo e no início da tarde *(p. 90)*. *Mapa N4* • *Diariam*

Punta Sur

Veja mais sobre ecopasseios e ecoaventuras na **p. 124**

Uaymitún

6 Río Lagartos

Uma laguna imensa, longa e estreita, com riachos, mangues e planícies de lama e sal ao longo da costa norte do Yucatán, que em agosto fica cor-de-rosa devido às colônias de 20 mil flamingos no auge da época de nidificação. Operadoras de Río Lagartos e da vizinha San Felipe promovem passeios de barco fascinantes *(pp. 55 e 98).* *Mapa F1*

7 Bocas de Dzilam

Bem mais remota, esta extensão enorme de mangues desabitados a oeste de San Felipe também abriga colônias de flamingos e uma variedade de aves e de outras espécies. Chegar aqui de barco pelo mar aberto é uma aventura. *Mapa D1*

• Em Río Lagartos, em San Felipe e em Dzilam Bravo barcos levam turistas até os mangues • Os passeios duram o dia todo

8 Uaymitún

Para uma fácil observação de aves nas lagunas do litoral norte do Yucatán, o ideal é esta torre, na estrada a leste de Progreso, que fornece até binóculos. Do alto têm-se vistas espetaculares das terras alagadas ao sul, com flamingos, patos, garças e, no inverno, milhares de aves migratórias da América do Norte. *Mapa C2*

• Grátis; aceitam-se contribuições

9 Celestún

As colônias de flamingos mais famosas do Yucatán ficam na laguna perto desta pequena cidade da costa oeste. Lanchas partem do centro de visitantes até as faixas cor-de-rosa formadas pelos pássaros, passando por casas de pescadores e por várias outras espécies, como a íbis *(pp. 55 e 105).* *Mapa A2*

10 Petenes de Campeche

O norte do estado de Campeche depois do litoral consiste de mangues e *petenes* – "ilhas" de terra sólida dentro do brejo, com microclimas especiais. Dentro da área há flamingos, cervos e até pumas. As instalações para visitantes são bastante limitadas. *Mapa A4*

• Podem-se alugar barcos na vila de Isla Arena, e são oferecidos passeios na cidade de Campeche

Puma, ecoparque Xcaret; Dolphin Discovery; Parque Garrafón

Top 10 Ecoparques e Parques Temáticos

Aqua World

1 Aqua World, Cancún

Um parque de diversões com muitas atividades, na ilha de Cancún. Oferece jornadas pela floresta, passeios em submarinos, jet ski, snorkel, mergulho com cilindro, pesca, parasailing, jantares em cruzeiros e excursões até Isla Mujeres e Cozumel. *Blvd Kukulcán, km 15,2 • Mapa K5 • (998) 848 8326 • www.aquaworld.com.mx • 9h-16h diariam • Cobra por atividade*

2 Wet'n Wild

Maior parque aquático de Cancún, tem tanque de golfinhos interativo, um rio lento de 320m e um parque para crianças. Mas o destaque é o parque aquático, com tobogãs, brinquedos e piscina de ondas para todas as idades *(p. 78)*. *Blvd Kukulcán, km 25 • Mapa J6 • (998) 193 2000 • 9h-17h diariam • Entrada paga*

3 Dolphin Discovery

São quatro recintos marinhos – Cancún-Isla Mujeres, Cozumel, Tulum-Akumal e Costa Maya. Pode-se nadar ou mergulhar com golfinhos, montá-los ou ser empurrado pelos pés. *Mapa L1 • (1) 866 393 5158 • www.dolphindiscovery.com • Programas com horários variados • Entrada paga • Idade mínima 8 anos • Reservar*

4 Parque Garrafón, Isla Mujeres

A piscina natural de pedra com coral é a atração central. Há ainda piscina artificial e recifes para mergulhar de snorkel. Indicado aos iniciantes. *Mapa L2 • (1) 866 393 5158 • www.garrafon.com • Verão: 8h30-18h30 (até 17h no inverno) • Entrada paga*

5 Xplor

Situado 6km ao sul de Playa del Carmen, o Xplor é o maior parque de aventuras da Riviera Maia. Nada menos que catorze tirolesas zarpam com os visitantes acima da copa das árvores para pousar em

Wet'n Wild

velocidade na água fresca de mina. Dirija veículos anfíbios e atravesse pontes de cordas, grutas e floresta; reme um bote em águas quentes e claras através de cavernas subterrâneas; e nade por rios subterrâneos em meio a estalactites e estalagmites *(p. 77)*. *Mapa Q4*

Ecoparque Xcaret

6 Xcaret

O ecoparque original da Riviera é uma boa introdução à riqueza de um ambiente tropical *(pp. 14-5)*. *Mapa G3 e Q4*

7 Laguna Chankanaab, Cozumel

Ótimo lugar para ver os tesouros marinhos de Cozumel, nadando ou mergulhando com snorkel, este pequeno parque natural fica perto dos recifes de Chankanaab e Paraíso *(p. 46)*, e tem ainda praia, jardim botânico e um Dolphin Discovery *(veja item 3)*. *Mapa R5 • 8h-18h diariam • Entrada paga*

8 Aktun-Chen

Da rodovia perto de Akumal sai a estrada de terra que leva por uma selva com bromélias até este parque natural, em volta de um grande sistema de caverna e cenote. Mergulhe, faça tirolesa e aventure-se em um passeio guiado pela impressionante caverna cheia de estalactites. Aves coloridas, macacos e javalis são vistos na área. *Mapa P5 • (984) 109 2061 • www.aktunchen.com • 9h-16h30 seg-sáb • Entrada paga*

9 Xel-Ha

Uma das atrações mais populares da Riviera, este parque para mergulho de snorkel fica em torno de uma magnífica laguna natural especialmente apropriada às crianças. Pode parecer lotada, mas se você nadar um pouco afastado ainda irá achar muitos peixes e corais. Há também trilhas pela floresta *(p. 88)*. *Mapa P6 • (998) 251 6560 • www.xelha.com.mx • 8h30-19h diariam • Entrada paga*

10 Cenote Dos Ojos

As câmaras superiores do maior sistema de cavernas sob a água do mundo, o Cenote Dos Ojos, são usadas pelo centro de mergulho Motmot para um dos melhores passeios do Yucatán. Os visitantes podem mergulhar de snorkel ou cilindro por águas claras em cavernas gigantes *(p. 19)*. *Mapa P6 • (984) 157 4721 • www.motmotdiving.com.mx • Passeios das 9h-16h30 (17h no inverno) diariam • Entrada paga*

Cenote Kantun-Chi; Samula; Dos Ojos

TOP 10 Cenotes e Cavernas

1 Cenote e Ecopark Kantun-Chi

Há vários cenotes de fácil acesso cruzando a rodovia perto de Xpu-Ha, no lado oposto ao do mar. Kantun-Chi é um cenote amplo, à sombra, com pontos de sol, perto da estrada e bom para nadar. Os cenotes vizinhos, Cristalino e Azul, também são lindos *(p. 78)*. *Mapa P5*

2 Cenote Dos Ojos

Esta caverna é chamada "Dois Olhos" devido ao aspecto de suas duas entradas quando vistas de cima. São 60km de um labirinto com "árvores" de calcário, considerado o maior sistema de cavernas sob a água do mundo – mas o cenote vizinho, Nohoch Nah Chich, talvez seja ainda mais longo. Mergulhadores inexperientes provavelmente aproveitam melhor o local fazendo o passeio da Motmot *(pp. 19 e 51)*. *Mapa P6*

3 Gran Cenote

É o mais bonito dos vários cenotes ao longo da estrada de Tulum a Cobá que permitem nadar. Tem água calma e clara, e os mergulhadores podem explorar um grande sistema de cavernas em arco, além de um túnel. *Mapa N6 • 8h-17h diariam • Entrada paga*

4 Cenote Dzitnup

Este é o mais famoso dos cenotes em que se pode nadar – uma imensa catedral de calcário. Por um túnel estreito entra-se numa impressionante câmara com uma piscina de água cor turquesa no fundo. Há grupos de turistas por volta de 11h-12h, mas fora desse horário é difícil ficar lotado *(p. 97)*. *Vila de Dzitnup, 5km a O de Valladolid • Mapa E3 • 8h-17h diariam • Entrada paga*

5 Cenote Samula

Outro cenote espetacular, perto do Cenote Dzitnup. Depois da estreita entrada chega-se a uma imensa piscina de água fria, clara, e na caverna veem-se as raízes de uma imensa árvore – a ceiba, associada a poderes místicos pelos maias –, que descem diretamente da superfície até a água embaixo. *Vila de Dzitnup • Mapa E3 • 8h-17h diariam • Entrada paga*

Cenote Dzitnup

Os cenotes, cavernas cheias de água nas rochas de calcário, são uma das belezas imperdíveis do Yucatán **(p. 19)**

6 Cavernas Balankanché

Além de cenotes e rios subterrâneos, o Yucatán esconde uma imensa rede de cavernas secas, locais sagrados para os antigos maias. Balankanché, perto de Chichén Itzá, é um dos mais extraordinários sistemas de cavernas *(p. 98)*. *Mapa E3 • Diariam, só passeios guiados • Entrada paga*

Cenote Sagrado, Chichén Itzá

7 Cenote Sagrado, Chichén Itzá

O mais famoso cenote do Yucatán, este poço sagrado gigante em Chichén *(p. 23)* há muito é tido como um local de sacrifícios humanos. Era usado apenas com propósitos religiosos, talvez como um canal para o mundo subterrâneo, já que a água potável da cidade vinha do cenote Xtoloc, perto do Caracol. *Mapa E3 • Entrada incluída no ingresso para Chichén Itzá*

8 Cenote Xlacah, Dzibilchaltún

Este cenote amplo e redondo, que fornecia água para a antiga cidade de Dzibilchaltún, ainda hoje é popular para nadar. Fica lotado aos domingos, mas nos demais dias possibilita um mergulho tranquilo *(p. 105) Mapa C2 • 8h-17h diariam • Entrada paga (dom, grátis)*

Cenote Xlacah, Dzibilchaltún

9 Calcehtok

Estas cavernas pouco conhecidas, perto das ruínas maias de Oxkintok *(p. 108)*, estão entre as mais extraordinárias da região. A câmara principal sem teto é grande o suficiente para abrigar árvores inteiras e fica cheia de pássaros. *Mapa B3*

10 Cavernas Loltún

Notável sistema de cavernas perto das cidades Puuc *(p. 31)*, com a mais longa história de habitação humana do Yucatán. As câmaras têm muitas rochas bizarras, estranhas correntes de ar e relíquias dos maias *(pp. 106-7)*. *Mapa C4 • Abre diariam; só passeios guiados • Entrada paga*

El Paraíso, Tulum; Holbox; Río Lagartos

TOP 10 Locais Pouco Explorados

Puerto Morelos

1 Puerto Morelos

Uma joia intocada do Caribe mexicano, que preservou seu ar de vila pesqueira apesar de ficar bem perto de Cancún. Não tem vida noturna, mas as praias são lindas e há pequenos hotéis e apartamentos que oferecem descontos *(pp. 48 e 76)*. *Mapa R3*

2 Punta Bete

Uma trilha esburacada de 3km, que sai da rodovia principal logo ao norte de Playa del Carmen, leva a lindas praias de areia branca e mar turquesa. Alguns hotéis se instalaram aqui, mas ainda há trechos de tranquilas *cabañas* de praia *(p. 126)* entre as palmeiras *(p. 76)*. *Mapa R4*

3 Akumal

Não é um local afastado, mas suas praias curvas são bastante longas e quase sempre ocupadas apenas por uns poucos hotéis discretos e prédios de apartamentos. Há muitos lugares com pouca gente em Akumal, que tem mar tranquilo e relativo conforto. Também oferece uma infraestrutura excelente para mergulho *(p. 88)*. *Mapa P5*

4 Tulum

É o próprio paraíso tropical: cabinas à sombra de palmeiras a poucos passos do mar, e à noite apenas velas e o som das ondas. As *cabañas* mais baratas na ponta norte da praia são também mais barulhentas, por isso, se quiser tranquilidade, prefira o sul *(pp. 18-9)*. *Mapa P6*

5 Punta Allen

A estrada precária faz com que o número de visitantes seja baixo, mas a trilha para o interior de Sian Ka'an (só para veículos 4x4) leva até uma pequena vila pesqueira de ruas de areia e palmeiras gigantes, com embarcadouros junto à praia e alguns

A baía em Punta Allen

restaurantes informais e pousadas acolhedoras. Há guias locais para mergulho de snorkel, observação de aves e passeios para pescar *(p. 21)*. *Mapa G5*

6 Holbox

Para fugir do agito da Riviera, vale a pena seguir em direção norte pela estrada Cancún-Mérida até o pequeno porto de Chiquilá, e cruzar de barco a laguna (onde é comum ver golfinhos) até a ilha de Holbox. Aqui estão os prazeres simples de uma vila com praia longa e vazia e vários lugares para se hospedar *(p. 79)*. *Mapa G1*

7 El Cuyo

Com apenas um hotel, dois grupos de *cabañas* e uns dois ou três locais para comer – mas ótimo peixe fresco –, esta vila pesqueira do golfo é para quem quer uma praia só para si *(p. 100)*. *Mapa F1*

8 Río Lagartos e San Felipe

Famosas pelas incríveis levas de flamingos na laguna a leste *(p. 49)*, estas vilas encantam os visitantes com seu estilo pacato. Têm ótimos restaurantes de frutos do mar, além de hotéis agradáveis, e em San Felipe o pôr do sol é magnífico *(pp. 49 e 98-9)*. *Mapa E–F1*

9 Celestún

Aqui também os flamingos são a grande atração, mas se você se hospedar num dos pequenos hotéis depois que os visitantes do dia tiverem retornado

Hacienda Katanchel, Mérida

a Mérida, poderá apreciar melhor a pacata vila e sua praia cheia de barcos de pesca *(pp. 49 e 105)*. Ao norte de Celestún há uma praia realmente afastada, em Xixim *(p. 126)*. *Mapa A2*

10 Hotéis Hacienda

Uma escapada atraente é oferecida (a preços altos) pelos hotéis espalhados na região do Yucatán, instalados em lindas mansões coloniais reformadas. Todos têm quartos luxuosos, cercados por jardins tropicais, com ótimas piscinas e restaurantes refinados *(p. 127)*.

Tênis em Cancún; Loja de mergulho, que agenda passeios para pesca; Ciclismo

Top 10 Esportes e Atividades

Playacar Golf Club

1 Golfe

Os golfistas têm várias opções na Riviera: dois campos profissionais em Cancún, um em Playacar e outro em Puerto Aventuras. Os hotéis podem agendar. Há também um clube de golfe particular ao norte de Mérida. *Club de Golf Cancún (998) 883 1230 • Palace Resort (01800) 635 1836, www.palaceresorts.com • Puerto Aventuras Golf Club (984) 873 5109*

2 Pesca

Há ótimas condições para pesca de praia e de alto-mar, e também com vara nas lagunas ao sul da Riviera, perto da baía Ascención. A estação de pesca em alto-mar é de março a junho *(veja box à direita)*.

3 Vela, Windsurfe e Caiaque

Os melhores locais para alugar barcos são Isla Mujeres e Cozumel. Alguns hotéis dispõem de barcos pequenos para hóspedes. O melhor do windsurfe é em Isla Mujeres e em Akumal, e o caiaque é o destaque em Puerto Morelos e em Punta Solimán *(p. 91)*. *Aquaworld (998) 848 8327 • www.aquaworld.com.mx*

4 Tênis

Muitos resorts têm quadras de tênis. Em Cancún, as do Hotel Omni são abertas a todos, mas as do RIU Cancún Hotel limitam-se aos hóspedes. O Club de Golf Cancún *(veja item 1)* abriga duas quadras. *RIU Cancún Hotel (998) 848 7151 • Hotel Omni (998) 881 0600*

5 Ciclismo

Os melhores lugares para andar de bicicleta são Cancún, Isla Mujeres, Tulum e Valladolid, que tem uma bela ciclovia até o Cenote Dzitnup *(p. 52)*. Muitos hotéis de Cancún fornecem bicicletas, e há lojas para alugá-las nos outros três destinos.

Avião Aerosaab, Playa del Carmen

Veja mais informações sobre mergulho nas **pp. 46-7**

Passeio por uma vila maia

6 Mergulho

A Riviera Maia abriga o segundo maior recife do mundo. A Scuba Cancun oferece saídas para mergulho em Cancún, na Riviera Maia e em Cozumel. *Scuba Cancun (998) 849 7508 • www.scubacancun.com.mx*

7 Parasailing

Paire acima de Cancún com o "Skyrider" do Aqua World *(p. 50)*. Há operadoras menores de parasailing em vários pontos da praia de Cancún e de Playa del Carmen.

8 Skydiving

A Sky Dive Playa permite a visão de bom trecho da Riviera nas costas de um instrutor, ou sozinho, se você tiver experiência em skydiving. *Sky Dive Playa (984) 873 0192 • www.skydive.com.mx*

9 Passeios Aéreos

A Aerosaab, em Playa del Carmen, oferece passeios aéreos pela Riviera, por Chichén Itzá e por outras partes da península de Yucatán. Os preços dependem do tipo de passeio. *Aerosaab (998) 865 4225 • www.aerosaab.com*

10 Passeios pela Floresta

Em Playa del Carmen, a ATV Explorer leva o viajante pela floresta num veículo 4x4 todo-terreno. A Alltournative oferece passeios em grupo, de caminhão, jipe e caiaque. *ATV Explorer (984) 873 1626, www.ATVExplorer.com • Alltournative (888) 844 5010, www.alltournative.com*

Top 10 Locais para Pescar

1 Cancún

Centros de esportes aquáticos como o Aqua World oferecem passeios divertidos, com acesso fácil *(p. 50)*.

2 Isla Mujeres

Preferido por fãs de pesca em mar aberto, com capitães capazes, para pescar seriola, espadim e outros peixes.

3 Cozumel

Tem capitães especialistas em alto-mar, que também fazem passeios em alagados.

4 Puerto Morelos

A água profunda perto da praia garante ótima pesca, só não tão boa quanto nas ilhas.

5 Playa del Carmen

Aqui as lojas de mergulho também fazem passeios para pesca, especialmente na alta estação (mar-jun).

6 Puerto Aventuras

O mais bem equipado centro de pesca do litoral. Sedia em maio uma grande competição do esporte.

7 Boca Paila e Punta Allen

Ficam mais longe, mas têm alojamentos, pesca com vara e peixes-rato.

8 Holbox

Distante do conforto da Riviera, mas boa para pescadores que gostam de tranquilidade.

9 El Cuyo

O único bar, La Conchita, é o lugar para encontrar um barco e um guia. A pesca de tubarão é uma especialidade no litoral norte.

10 Río Lagartos

Não tem boa infraestrutura, mas os barqueiros daqui dão orientação sobre pesca e sobre as lagunas de flamingos.

Xcaret; Xel-Ha; Punta Laguna; Iguana, Uxmal

Top 10 Atrações para Crianças

1 Wet'n Wild Cancún

Mais importante centro de diversões da região, o Wet'n Wild Cancún tem os brinquedos excitantes que as crianças grandes adoram – Wave Pool, Bubba Tub, Kamikaze, Double Space Bowl, Twister –, além de um Kids' Park com brinquedos e escorregadores mais suaves para crianças pequenas. Assim, toda a família pode se divertir. *Wet'n Wild, Boulevard Kukulcán km 25 • Mapa J6 • (998) 193 2000 • 9h-17h diariam • Entrada paga*

2 Crococún Crocodile Park

Um pequeno zoológico para crianças, com espécies locais e mais de 300 crocodilos, além de guias que dão informações em várias línguas e acompanham passeios. É bem organizado, com oportunidades para ver de perto e alimentar filhotes de crocodilos, cervos, macacos, papagaios e animais mais raros, como os tepezcuintles (um tipo de roedor). *Rodovia 307, km 31 • Mapa R3 • (998) 850 3719 • www.crococunzoo.com • 9h-17h diariam • Entrada paga*

Crococún

Wet'n Wild Cancún

3 Río Secreto

Magnífica caverna e sistema de rio subterrâneo, ao sul de Playa del Carmen. Vista capacete e roupa impermeável para explorar o rio a 25m abaixo da superfície, com espetaculares estalactites e estalagmites. *Mapa Q4 • (984) 877 2377 • www.riosecretomexico.com*

4 Laguna Chankanaab, Cozumel

Local agradável e acessível onde até as crianças pequenas podem ter uma encantadora introdução ao mergulho de snorkel e aos tesouros subaquáticos dos recifes de Cozumel. O mar é calmo e há muitos corais e vida marinha perto da praia. O mesmo parque abriga uma laguna de coral, um jardim botânico e um centro da Dolphin Discovery *(p. 50)*. *Mapa R5 • 6h-18h diariam • Entrada paga*

5 Playa Mia, Cozumel

Os clubes de praia de Cozumel oferecem todas as diversões de praia, além de restaurantes e espreguiçadeiras à sombra. Playa Mia tem as melhores opções para crianças maiores – snorkel, jogos,

Xel-Ha

caiaques, banana boats –, além de um Kids' Club para os pequenos. ✎ *Mapa R6 • Do amanhecer ao anoitecer diariam • Entrada paga*

6 Xcaret

Primeiro e mais famoso dos ecoparques, oferece muitas atrações para crianças em ambiente familiar. Além das principais, que são o rio para mergulho de snorkel e a piscina de golfinhos, tem ainda zoológico, jardim de borboletas e trilhas na floresta *(pp. 14-5)*. ✎ *Mapa Q4 • (998) 251 6560 • www.xcaret.com.mx • 8h30-21h30 diariam • Entrada paga*

7 Laguna Yal-Ku, Akumal

Esta sinuosa piscina de pedra com água turquesa, ao norte da baía Media Luna, em Akumal, é uma das enseadas naturais de coral da costa da Riviera. Em geral, tem pouca gente e é deliciosa para nadar e mergulhar de snorkel com crianças pequenas, vendo corais e peixes coloridos à superfície. ✎ *Mapa P5 • 8h-18h diariam • Entrada paga*

8 Xel-Ha

Este parque de snorkel é outra das atrações para famílias na Riviera. As crianças adoram nadar e mergulhar de snorkel na laguna de coral e explorar a floresta *(p. 88)*. ✎ *Mapa P6 • (998) 251 6560 • www.xelha.com.mx • 8h30-19h diariam • Entrada paga*

9 Punta Laguna

Conseguir admirar vida selvagem no habitat natural, e não em zoológicos ou parques naturais, pode exigir muito tempo e esforço, mas nesta pequena reserva ao norte de Cobá fica fácil ver macacos-aranha pulando pelas árvores após uma pequena exploração. Guias locais indicam onde encontrar cervos, javalis e aves *(pp. 48 e 90)*. ✎ *Mapa N4 • diariam*

10 Uxmal

Algumas crianças gostam de ruínas maias, outras não. Mas de qualquer forma a que faz mais sucesso é Uxmal. A construção não só tem muitos degraus e templos para correr em volta, como abriga também muitos iguanas, que ficam parados até serem vistos, e então disparam correndo. Alguns ostentam o porte de crocodilos, mas são inofensivos, por mais assustadores que pareçam *(pp. 28-31)*. ✎ *Mapa C4*

Coco Bongo; Hard Rock Café; Carlos'n Charlie's

TOP 10 Casas Noturnas

1 Coco Bongo, Cancún

O megaclube mais chique de Cancún, com vários níveis e ambientes, tem música variada – techno, rock, latina –, a cargo de DJs e bandas ao vivo, além de um espaço para comer. Promove noites temáticas excêntricas, shows ao vivo e outras surpresas *(p. 81).* ⓢ *Mapa L4*

2 Dady'O, Cancún

Sempre o mais popular entre os estudantes americanos que dão um pulo aqui nos feriados prolongados, este local, também imenso, em frente ao Coco Bongo, garante uma atmosfera barulhenta e acolhedora – e tem sempre festas temáticas. Vizinho, o Sweet, só um pouco menor, é um lugar agitado, com um bar-restaurante, além de diversões e jogos *(p. 81).* ⓢ *Mapa L4*

3 Señor Frog's, Cancún

Conforme o sol se põe, o Señor Frog's deixa de ser um restaurante e vira uma das casas noturnas mais agitadas de Cancún. Música ao vivo todo dia, DJs e karaokê criam uma atmosfera animada para dançar a noite inteira. O toboágua que vai do local até a laguna é imperdível, por isso não deixe de trazer roupa de banho. Fica aberto até o amanhecer *(p. 82).* ⓢ *Mapa L4*

4 Jantares em Cruzeiros, Cancún

Se você procura um programa mais tranquilo, tente esta especialidade de Cancún, com shows, jogos, jantar e dança com banda ao vivo, tudo a bordo de um navio que passeia pela Laguna Nichupté ou vai até Isla Mujeres. Cada cruzeiro tem um tema: o Cancún Queen (do Aqua World, *p. 50)* parece um velho vapor de rio, o Cancún Lovers Cruise é uma réplica de um galeão da época de Colombo e o Captain Hook's Pirate Night imita um navio pirata *(p. 81).* ⓢ *Cancún Lovers, Marina Aquatours, Blvd Kukulcán km 6,25 • Mapa K3 • (998) 193 3370*

5 Blue Parrot Beach Club, Playa del Carmen

Playa del Carmen mudou muito desde que seu bar de praia original foi inaugurado no início da década de 1990, mas esse tempo todo o Parrot se manteve como o principal lugar para encontrar gente.

Blue Parrot Beach Club, uma famosa casa noturna de praia

Nas grandes casas de Cancún, o ingresso varia conforme a programação do dia – em geral, fica entre $35 e $70

La Santanera

O ambiente é muito animado e a vista da lua sobre o mar, fabulosa *(p. 81)*. *Mapa Q4*

6 Diablito Cha Cha Cha, Playa del Carmen

Salão chique, com piso de azulejos brancos e pretos em contraste com o vermelho e o verde da mobília – alusão às cores da bandeira do México. Bom para tomar um vanilla martini e comer frutos do mar em estilo asiático, ouvindo música que vai de rockabilly a eletrônica e pop local *(p. 82)*. *Mapa Q4*

7 La Santanera, Playa del Carmen

Casa noturna com localização central, perto das principais avenidas de Playa del Carmen, e com dois níveis separados, que tocam sons diferentes (no térreo, eletrônica, em cima, house). É um lugar divertido para pessoas de todas as idades, que vêm aqui dançar e beber, num bom ambiente *(p. 81)*. *Mapa Q4*

8 Hard Rock Café, Cozumel

A familiar combinação de hambúrguer e rock encontrada no mundo inteiro aqui em Cozumel fica junto à praia. Bandas de rock tocam ao vivo toda noite. Há outro Hard Rock em Cancún, no shopping Forum by the Sea *(p. 82)*. *Mapa R5*

9 Carlos'n Charlie's, Cozumel

Comida agradável e um clima sempre festivo são a chave do sucesso destes bares-restaurantes do grupo Anderson, espalhados por todo o México sob vários nomes criativos – Carlos'n Charlie's, Sr. Frog's *(p. 82)* e El Shrimp Bucket. O Cozumel C'n'C, no shopping de Punta Langosta, é um dos maiores *(p. 93)*. *Mapa R5*

10 Pancho's, Mérida

Com vida noturna mais discreta que a da Riviera, Mérida tem no Pancho's e em sua temática de bandido mexicano o local mais atraente do centro da cidade. Os garçons, rápidos e amáveis, ajudam a criar um clima de socialização, e nos fundos há uma pista de dança sob as estrelas *(p. 110)*. *Mapa C2*

Pancho's

Teatro de Cancún, Xcaret

TOP 10 Atrações ao Vivo

1 Mariachis, Cancún

Bandas de mariachis de alto nível tocam canções mexicanas em muitos dos restaurantes da região. Este estilo de música data do século XIX, quando Maximiliano era imperador do México.

La Parrilla, Av Yaxchilán 51 • Mapa K4 • (998) 287 8118 • La Destileria, Blvd Kukulcán km 12,5 • Mapa L4 • (998) 885 1086

Dançarina, Teatro de Cancún

2 Teatro de Cancún

Este teatro confortável abriga dois shows de canto e dança por noite: Voces y Danzas de México mostra a música mexicana tradicional, e Tradición del Caribe é um show mais abrangente, com os ritmos de Cuba, Venezuela, São Domingos e outros locais do Caribe.

El Embarcadero, Blvd Kukulcán km 4,5 • Mapa K3 • (998) 849 4848 • Há shows diferentes em outros horários ao longo da noite

3 Grand Mambo Café

Calce seus sapatos de dança e arrisque alguns passos de salsa no Grand Mambo Café, casa de ritmos latinos em Cancún. O local também oferece aulas de salsa e de bachata (estilo de dança originário da República Dominicana).

Plaza Hong Kong, local 31 • Mapa H3 • (998) 884 4536 • a partir das 22h30 qua-sáb

4 Xcaret

O show ao vivo diário de fim de tarde no Xcaret (incluído no ingresso do parque) mostra diversos aspectos das tradições mexicanas, com muito colorido. Começa com versões imaginadas de rituais maias pré-colombianos, passa por danças e músicas do folclore do país – de mariachis ao som melodioso e suave dos boleros do Yucatán – e termina com uma exibição de vaqueiros *(pp. 14-5 e ao lado).*

Mapa Q4

5 Touradas

Touradas no estilo espanhol são realizadas na arena de Cancún, precedidas por uma exibição de *charros* (vaqueiros) – às vezes também por brigas de galos. Há uma arena em Mérida, menos utilizada, e touradas em muitas das festas em cidades do Yucatán *(p. 64).*

Plaza de Toros Cancún, esquina da Av Bonam-pak com Av Sayil • Mapa J3 • (998) 884 8372

Xcaret

Show de sons e luzes, Chichén Itzá

6 Charrerías

Um *charro* é um vaqueiro mexicano, com o famoso traje de sombrero e jaqueta bordada (*charras* são as vaqueiras, com chapéus similares mas saias de babados), e uma *charrería* é um rodeio mexicano, uma exibição espetacular de truques com laços, derrubada de garrotes e perícia ao montar. Não há uma programação fixa de *charrerías* em Cancún, mas elas são frequentes. Mérida também tem calendário irregular. Os *charros* também participam do show do Xcaret *(p. ao lado)*.

Charrería **(rodeio mexicano)**

7 Serenatas Yucatecas, Mérida

A melhor introdução à música e ao folclore do Yucatán – a suave e romântica polifonia de trios de violões, a graciosa dança *jarana* – são os concertos gratuitos no adorável cenário do Parque Santa Lucía, em Mérida. Realizados todas as quintas-feiras há cerca de 40 anos, encantam os moradores mais até do que os turistas.

Mapa C2 • Apresentações: 21h qui

8 Shows de Sons e Luzes nas Ruínas Maias

As grandes cidades maias de Chichén Itzá e Uxmal são palco para shows diários, nos quais seus templos gigantes ficam iluminados com cores variadas (o show está incluído no ingresso para o local). Alguns trechos da narração sobre como seriam as antigas cidades soam um pouco forçadas, mas os efeitos visuais com certeza são espetaculares *(pp. 22 e 29)*. *Mapa E3 e C4*

9 Serenatas Campechanas, Campeche

Campeche mostra sua música e sua dança tradicionais com concertos gratuitos no encantador cenário do pátio Colonial da Casa Seis, e com uma programação mais eclética no coreto do Parque Principal *(p. 34)*.

Mapa A5 • Apresentações: Casa Seis, 20h30 ter

10 Show de Luzes e Sons, Campeche

A Puerta de Tierra, nos muros antigos da cidade de Campeche, é o pano de fundo de um show audiovisual espetacular, que aproveita bem a arquitetura para evocar histórias de piratas, batalhas no mar e outros eventos do passado marítimo da cidade *(p. 35)*.

Mapa A5 • Apresentações: 20h ter, sex, sáb, dom

Encenação coreográfica de ritual maia, Xcaret

Mérida en Domingo; Decoração do Dia dos Mortos

TOP 10 Festas Tradicionais

Celebração do Carnaval em Mérida

1 Carnaval

É a maior festa anual nas cidades do Yucatán, e a mais animada. Em Cancún e em Cozumel as ruas têm música, dança, bancas de comida e um pequeno desfile de alegorias. Mas o maior carnaval do sul do México é em Mérida. *Semana anterior à Quaresma*

2 Festa dos Três Reis, Tizimín

A capital da pecuária do Yucatán abriga uma das maiores festas da região. Tem feira de gado e touradas, música e dança tradicionais, desfiles e muita comida e bebida. *Mapa F2 • Duas semanas, a partir de 6 de jan*

3 La Candelaria

Principal festa de Valladolid, a Expo-Feria enfoca a Festa da Virgem da Candelária. Garotas locais ostentam vestidos bordados encantadores num desfile ao ar livre, seguido por concertos gratuitos e dança. Campeche oferece uma festa menor. *Mapa E3 • Doze dias, em torno de 2 de fev*

4 Equinócios, Chichén Itzá e Dzibilchaltún

Os efeitos visuais representam eventos importantes nas cidades maias – como a "descida" do sol pelas serpentes de El Castillo, em Chichén, e a passagem dos raios solares pelo templo das Sete Bonecas em Dzibilchaltún – e eram programados para ocorrer nos equinócios de primavera e de outono. Hoje, mais de 80 mil pessoas visitam Chichén nesses dias; a multidão é menor em Dzibilchaltún *(pp. 23 e 105)*. *21 de mar, 2 de set*

5 Mérida en Domingo

Mérida acolhe esta festa todo domingo, quando a Plaza Mayor e a Calle 60 são fechadas ao tráfego e a multidão vem passear e participar dos eventos. Há shows de dança *jarana* diante da Prefeitura e concertos pela rua, e todos podem dançar. *Mapa C2 • Todo dom*

6 Festas de Aldeia

Toda cidade pequena do Yucatán tem sua própria festa, quando as ruas são decoradas com flores e a música toca sem parar. Para descobrir as datas, pergunte no centro de informação turística, procure cartazes ou leia os jornais locais.

7 Cancún Jazz Festival

Uma inovadora combinação de jovens artistas da América Latina, Estados Unidos e Europa, tocando em geral jazz latino e fusion contemporânea, mais do que estritamente jazz. Há várias atrações gratuitas no Parque de las Palapas, em Ciudad Cancún. *Três ou quatro dias, último fim de semana de maio*

8 San Miguel Arcángel, Cozumel

Principal festa tradicional de Cozumel, em homenagem ao padroeiro da cidade, São Miguel. Durante nove dias há procissões religiosas, diversão para crianças e música e dança de graça. *20-29 de set*

9 Cristo de las Ampollas, Mérida

Mais religiosa do que a maioria das festas, suas procissões culminam no dia 13 de outubro, quando a figura do "Cristo das Bolhas" (*Cristo de las Ampollas*), mantida na catedral de Mérida, é carregada pela cidade antes da missa. *Semana anterior a 13 out*

10 Dia dos Mortos e Dia de Todos os Santos

Caveiras de açúcar, pan de muerto, flores zempazuchitl e decorações em forma de túmulos são as marcas da mais famosa festa do México, quando se celebra a morte nos dias de Halloween e de Todos os Santos, e as famílias vão aos cemitérios e fazem piquenique ao lado dos túmulos dos parentes falecidos. *31 out-2 nov*

Fantasia, Dia dos Mortos

Artesanato e Produtos Tradicionais

1 Redes

Servem de cama para os moradores e são tão inerentes ao Yucatán que os poetas daqui as celebram em verso.

2 Bordados

Em geral são desenhos de flores, feitos pelas mulheres maias nos tradicionais vestidos *huípil*, em lenços e em toalhas de mesa.

3 Chapéus Panamá

Os melhores são do norte de Campeche; o melhor lugar para comprá-los é Mérida.

4 Guayaberas

Jaquetas elegantes e leves, aceitas como roupa tropical formal.

5 Sandálias

Todos os mercados do Yucatán têm estantes com as tradicionais sandálias de couro *huarache*.

6 Entalhes em Madeira

Muitas vilas maias vendem figuras em madeira baseadas em imagens antigas.

7 Jícaras – Cabaças

Cabaças secas pintadas em cores vivas são típicas de Chiapas, mas comuns em todo o Yucatán.

8 Prataria e Joias

Fina prataria de Taxco, do México Central, pode ser vista em lojas do Yucatán, assim como o âmbar de Chiapas.

9 Pássaros e Ornamentos Pintados

Papagaios, tucanos e caixas de madeira em cores vivas são uma das belas imagens do México tropical.

10 Cerâmica

Há muitos potes de cerâmica feitos em Ticul, às vezes usando técnicas dos tempos pré-Conquista.

Nas páginas seguintes, **Praia Norte, Cancún**

Sopa de lima; Poc-Chuc; Banca de churrasco de frango

TOP 10 Pratos do Yucatán

1 Sopa de Lima

Um clássico da culinária do Yucatán, esta sopa é feita na verdade com frango, desossado e cortado em tiras, cozido em fogo lento com coentro, cebola, ervas, temperos e limas doces. Serve-se com tiras de tortillas secas.

Cochinita Pibil

2 Cochinita Pibil

Prato que data dos tempos da culinária maia pré-Conquista – carne de porco marinada em lima, laranja azeda e *achiote* (uma mistura picante de ervas secas), enrolada em folhas de banana e assada em travessa de barro. Forte mas saboroso, é muito versátil e pode ser servido como prato principal ou como recheio de tacos. O *pollo pibil* é uma versão com frango.

3 Poc-Chuc

A cozinha do Yucatán recorre muito ao marinado, e este prato delicioso é à base de carne de porco marinada em suco de *naranja agria* (laranja pequena e azeda, típica da região), cozida com cebola, ervas e alho, e servida com feijão-preto. É uma mistura maravilhosa de doce e salgado, muito popular, mas discute-se se é tradicional mesmo ou uma criação do restaurante Los Almendros, de Mérida *(p. 71)*.

4 Pollo Oriental de Valladolid

Orgulho de Valladolid, este frango é cortado em quatro e cozido com alho, cebola, cravo e pimentas doces e picantes; depois é levemente assado em óleo de milho e suco de laranja azeda. É uma rica combinação de doce e salgado. O pavo oriental é a versão deste prato com peru.

5 Relleno Negro

A cozinha do Yucatán tem pratos bem fortes. O *relleno negro* ("recheio negro") leva carne de porco moída, pimentão, ovos cozidos, ervas, temperos e uma poderosa combinação de pimentas que, misturadas, fazem um molho denso e majestoso. Em geral é servido com peru *(pavo)*, a carne mais tradicional da região.

6 Camarón al Mojo de Ajo

Por todo o litoral, peixe e frutos do mar são o básico dos restaurantes. Uma das maneiras mais simples e deliciosas de cozinhar camarão e caracol (concha) é *al mojo de ajo*, frito rapidamente em óleo quente e muito alho. Com ingredientes frescos, só isso já é suficiente.

7 Crepas de Chaya

Com sabor similar ao do espinafre, a chaya é uma verdura

Os pratos do Yucatán não são sempre picantes, mas você pode realçá-los com molho de pimenta vermelha ou verde

nativa do Yucatán e, também como o espinafre, rica em ferro e em vitaminas. Comparece em pratos tradicionais e contemporâneos como este. É cozida com alho, enrolada em panquecas de trigo leves (crepes) e servida com um molho de queijo. Usa-se a chaya também para preparar bebidas *(p. 71)*.

8 Pan de Cazón

Campeche tem uma cozinha própria, característica e variada, como condiz a um porto, e faz bom uso de peixe e de frutos do mar. Este é um dos pratos favoritos campechanos, à base de cação *(cazón)* em postas, com molho de tomate e temperos; é servido como recheio de tortillas de milho.

9 Arroz con Pulpo

Outra especialidade do Campeche: uma deliciosa salada quente, mais leve que muitos pratos locais, para os dias quentes. Mistura-se o arroz com pedaços de polvo *(pulpo)*, pimentão vermelho, cebola, coentro e outras ervas, e às vezes com manga, mamão e outras frutas. Prato refrescante, com sucos doces e sabores salgados de frutos do mar.

10 Pollo con Mole

Um clássico do centro do México, encontrado em todo o país: frango assado coberto com mole, um molho de chocolate grosso, picante e saboroso – não fica doce. É um dos usos mais antigos do chocolate, pois seu sabor combina bem com carnes de tempero forte.

Pollo con mole

Petiscos

1 Ceviche
Peixe ou frutos do mar crus marinados em limão ou lima, servidos com salada, tempero e muito coentro.

2 Cocteles
Ceviches de peixe ou frutos do mar em taça, com tempero estilo vinagrete.

3 Papadzules
Prato maia de ovo cozido em fatias, com molho doce de semente de abóbora, em tortillas – geralmente, acompanha molho de tomate picante.

4 Panuchos
Tortillas pequenas fritas de leve, cobertas com feijão frito e tiras de frango ou peru, além de tomate, cebola, abacate e chili picados.

5 Salbutes
Similar aos *panuchos*, mas feitos com uma massa mais grossa em vez de tortillas.

6 Enchiladas
No sul do México, estas tortillas macias enroladas com recheio variado são servidas com molho de *mole*.

7 Tacos
Tortillas enroladas com 1.001 recheios: nas bancas de tacos, são servidos prontos; em *taquerías* você mesmo prepara os seus.

8 Fajitas
Carne ou frutos do mar fritos, servidos quentes com cebola, feijão, molho de pimenta, guacamole e tortillas.

9 Quesadillas
Tortillas macias, dobradas e recheadas com requeijão e às vezes presunto, servidas com molhos diversos.

10 Tortas
Enrolados de pão, com recheios tão variados quanto os dos tacos.

La Habichuela; Chen Río; El Marlin Azul

Top 10 Restaurantes

1 La Habichuela, Cancún

Excelente comida mexicana e do Yucatán, e pratos do Campeche como cocobichuela (camarão, lagosta, molho curry e arroz com coco). Ótima apresentação e toques originais, tudo servido em ambiente tranquilo num bonito jardim *(p. 83)*.

La Parrilla

2 La Parrilla, Cancún

Neste animado restaurante, a arte e a música mexicanas criam um ambiente envolvente para as deliciosas especialidades locais, incluindo pratos maias. A comida ótima e os preços compatíveis fazem o sucesso do La Parrilla, que já tem várias filiais na Riviera *(p. 83)*.

3 Chen Río, Cozumel

Em uma linda praia exclusiva, aqui você passa a tarde vendo as ondas e saboreando a especialidade da casa, a imensa travessa de frutos do mar, ou os ótimos ceviches e saladas *(p. 95)*.

4 Los Pelícanos, Puerto Morelos

Instalado sob uma gigante *palapa* ou teto de folha de palmeira, num ponto acima da praia, é uma instituição local e serve alguns dos melhores ceviches que você já provou, e outros pratos de frutos do mar *(p. 83)*.

5 Kinich, Izamal

Fica num jardim isolado, perto da maior pirâmide maia de Izamal, e é o melhor lugar para provar a cozinha do Yucatán – *cochinita, pavo en relleno negro* e sopa de lima *(p. 103)*.

6 El Marlin Azul, Mérida

É fácil passar por este restaurante e não vê-lo. Procure um toldo azul e um monte de clientes no balcão – saboreando alguns dos melhores frutos do mar da cidade, que vêm direto de Celestún *(p. 111)*.

7 Casa de Piedra, Xcanatún

Tradições e ingredientes do Yucatán e do Caribe são combinados com estilos internacionais sofisticados por um chef treina-

Casa de Piedra

Veja explicações sobre os pratos do Yucatán nas **pp. 68-9**

Los Almendros

do na França: um destaque é a delicada sopa de lima, ao lado das interessantes criações do chef, como o creme de chili *poblano* com roquefort *(p. 111)*.

8 Ajua Maya, Playa del Carmen
A uma quadra da agitação da Quinta Avenida, o Ajua Maya oferece boa variedade de receitas mexicanas, maias e mestiças, às vezes com influência francesa. Entre os pratos mais pedidos estão lagosta maia fresca grelhada no carvão e carne bovina, de caça e frutos do mar flambados. Há música latina ao vivo de segunda a sábado e rock'n'roll aos domingos *(p. 83)*.

9 Los Almendros, Mérida
Este restaurante acolhedor, inaugurado na década de 1960, foi o primeiro a apresentar a comida do Yucatán aos visitantes do exterior. Pratos de sabor rico, serviço agradável e parte essencial da visita à região Puuc *(p. 111)*.

10 Marganzo, Campeche
O cardápio tem as especialidades de peixe e frutos do mar da cidade – o suculento *pan de cazón* e imensas travessas de *manitas de cangrejo* (garras de caranguejo, com outros frutos do mar, molhos e salada) *(p. 111)*.

Café da Manhã

1 Huevos Rancheros
Um clássico: tortillas com ovo frito, cobertas por molho de tomate e servidas com feijão frito.

2 Huevos Motuleños
Como acima, mais o acréscimo de ervilhas, presunto e queijo gratinado – às vezes servido com fatias de banana frita à parte.

3 Huevos Revueltos
Ovos mexidos, quase sempre com cebola e pimentão vermelho, ou com presunto *(con jamón)*.

4 Huevos a la Mexicana
Ovos mexidos picantes – com pimentão, chili, fatias de cebola e chouriço.

5 Chilaquiles
Lascas de tortilla, assadas em molho de queijo, com tomate, cebola, ervas, chili e frango ou peru desfiados.

6 Platillo de Fruta
Travessa grande de frutas frescas, geralmente com abacaxi, melão, laranja, banana e papaia.

7 Agua de Jamaica
Produto local muito refrescante – uma infusão de flores secas da Jamaica (espécie de hibisco), diluída em um delicioso drinque.

8 Agua de Chaya
Outra infusão, esta da verdura *chaya (pp. 68-9)*, diluída com água e um pouco de suco de limão.

9 Licuados
Polpa de qualquer fruta – papaia, melão, abacaxi, mamey etc. – diluída com água e com cubos de gelo.

10 Raspados
Frutas variadas com gelo raspado, enchendo um copo até a borda.

ARREDORES DO YUCATÁN

Xcaret; Restaurante da orla, Cancún; Aviário, Playa del Carmen

Cancún e o Norte

CANCÚN É A ATRAÇÃO PRINCIPAL *no extremo da Riviera Maia: hotéis luxuosos, muitas opções de compras, restaurantes, casas noturnas incríveis, parques temáticos ou aquáticos e outras coisas divertidas para se fazer estão espalhadas em uma das melhores praias do mundo. Ao sul fica Playa del Carmen, uma cidade de férias moderna e com estilo mais compacto, além de parques temáticos para famílias, que oferecem uma inesquecível introdução à natureza da Yucatán tropical. Para contrastar com a vida de resort, na mesma área há também lugares onde o ritmo frenético da vida atual ainda parece distante – na sempre tranquila Puerto Morelos, na espetacular reserva de aves de Contoy e na pacata Isla Mujeres.*

Señor Frog, Cancún

TOP 10 Atrações

1. Cancún – Praia
2. Cancún – Cidade
3. Isla Mujeres
4. Isla Contoy
5. Holbox
6. Puerto Morelos
7. Punta Bete
8. Playa del Carmen
9. Xplor
10. Xcaret

Cabana de salva-vidas

Nas páginas anteriores, a Área dos Hotéis de Cancún

Área dos hotéis de Cancún

1 Cancún – Praia

Todas as praias da Riviera têm a mesma areia branca e fina, sempre deliciosamente fresca ao tato, mas a de Cancún é sem dúvida a melhor, e se estende pelos 23km da ilha. Ao longo dela, na Área dos Hotéis, há resorts, shoppings, centros de diversões, mergulho de snorkel e, para completar, as ruínas maias de El Rey *(pp. 8-9)*. *Mapa L4–K6*

2 Cancún – Cidade

No continente, ao norte da ilha de Cancún, Ciudad Cancún, também chamada "Downtown", foi criada na mesma época da Área dos Hotéis, na década de 1970, mas tem atmosfera própria. O trecho principal da Avenida Tulum e das praças e avenidas próximas é agradável para passear, com lojas e restaurantes de comida tradicional mexicana a preços baixos *(pp. 8-9)*. *Mapa J3*

3 Isla Mujeres

Embora fique a um curto trajeto de barco de Cancún, esta ilha de 8km de comprimento, primeiro local em que os espanhóis puseram os pés no México em 1517, tem uma atmosfera diferente, com alguns grandes hotéis, um centrinho, boas opções de pousadas econômicas e um ambiente tranquilo de vila de praia. É também um ótimo centro de mergulho e de pesca, com um belo conjunto de recifes próximo à costa *(pp. 16-7)*. *Mapa L1–2*

4 Isla Contoy

A mais importante reserva de aves do México ocupa toda esta ilha desabitada, com mangues, praias e lagunas de coral que abrigam mais de 50 espécies de aves – também tem locais para reprodução de tartarugas. Há passeios diários a cargo das lojas de mergulho de Isla Mujeres *(pp. 16-7 e 48)*. *Mapa H1*

Isla Mujeres

5 Holbox

Esta pequena ilha fica no litoral norte do Yucatán, perto de uma grande laguna cheia de aves e golfinhos. Ultratranquila, ela abriga uma vila com ruas de areia, poucos hotéis, pelicanos e uma praia imensa. É excelente para pescar, limpar a mente e explorar as ilhas desabitadas vizinhas *(p. 55)*. *Mapa G1 • www.holboxisland.com • Acesso por Chiquilá, 180km ao N da Rodovia 180; barcos de passageiros vão de Chiquilá a Holbox (tempo de viagem 15 minutos), 8h-19h diariam*

Puerto Morelos

6 Puerto Morelos

Esta pequena vila pesqueira era o maior núcleo do litoral antes do surgimento de Cancún. Evitou o excesso de construções e preserva uma atmosfera pacata, muito apreciada pelos estrangeiros que possuem casas aqui ou passam invernos inteiros em seus pequenos hotéis. Tem uma bela praia branca e maravilhosos recifes perto da costa (hoje protegidos como parque marinho), perfeitos para mergulhar de cilindro ou com snorkel. Operadoras locais e guias de pesca prestam serviços. *Mapa R3*

O Boom do Chicle

Bem antes do turismo, o principal produto dessa região era o chicle, ou goma de mascar. Ao ser inventado no século XIX, o chiclete era feito de chicle natural, extraído das árvores de sapodilla do Yucatán. Vilas como Puerto Juárez e Puerto Morelos foram fundadas como portos exportadores de chicle, trazido por seringueiros das florestas do interior.

7 Punta Bete

Situada entre Puerto Morelos e Playa del Carmen, esta praia fica isolada do circuito turístico por uma estrada de acesso esburacada de 3km pela floresta. Cercadas por palmeiras, suas baías são arcos perfeitos de areia branca junto a um tranquilo mar turquesa. Tem alguns hotéis-resort e vários núcleos de *cabañas* mais baratas *(pp. 54 e 79)*. *Mapa R4*

Punta Bete

8 Playa del Carmen

Cidade mais vibrante da Riviera – de dia e de noite –, esse balneário atrai uma multidão de gente que anda na moda. Bares elegantes em funcionamento há muitos anos e botecos de mochileiros misturam-se a hotéis modernos, que vão de

grandes resorts a pousadas hospitaleiras. Além de oferecer lindas praias, Playa del Carmen é ótima para mergulho com snorkel e com cilindro *(pp. 12-3)*.
Mapa R4

9 Xplor

A família vai adorar passear um dia inteiro no Xplor. Existem sete circuitos, entre eles catorze tirolesas; caminhos de 5km para veículos anfíbios, que passam junto a trilhas na mata, por pontes de corda e através de cavernas; dois circuitos para botes em rio subterrâneo; e a chance de nadar em um rio no subsolo entre formações rochosas incríveis *(pp. 50-1)*.
• www.xplor.travel • 7h-21h seg-sex (20h finais de semana)

10 Xcaret

Maior ecoparque da Riviera, logo ao sul de Playa del Carmen, oferece uma bela introdução ao ambiente tropical do Yucatán e proporciona um dia inteiro de excelentes programas – nadar, mergulhar junto com golfinhos e apreciar a vida animal e coleções de borboletas *(pp. 14-5)*.
Mapa Q4

A vila maia de Xcaret

De Cancún a Playa

Manhã

Comece pelo lado mais tradicional de Cancún com um *desayuno* num dos **restaurantes Mercado 28** *(p. 83)*, no mercado da cidade. Depois alugue um carro, vá para a Área dos Hotéis e passeie pelo **Boulevard Kukulcán**.

Vá até o lado mais chique de Cancún, os complexos **Forum by the Sea** e **La Isla** *(p. 80)*, passear nos shoppings e ver vitrines. Depois siga até **Playa Delfines** *(p. 79)* para apreciar a linda vista ao longo do litoral da ilha de Cancún.

Siga até as ruínas **El Rey**, para ter uma ideia de uma cidade maia compacta; ao sair, cruze o Boulevard até **Playa Delfines** e aprecie as ondas batendo e a vista incrível do norte, voltando pela ilha de Cancún e sua linda praia.

Tarde

Do final do Boulevard Kukulcán, vire para o sul pela Rodovia 307 e siga até **Puerto Morelos**, para almoçar um deliciosamente refrescante ceviche e tomar uma cerveja gelada no **Los Pelícanos** *(pp. 70 e 83)*, vendo pelicanos planando na brisa. Você pode descansar na praia, pegar um snorkel e nadar nos recifes de Puerto.

Siga para o sul até **Playa del Carmen**. Aproveite a praia e as lojas ao longo da Quinta Avenida. Se você está hospedado em Playa, agende uma excursão com mergulho para o dia seguinte. Ao anoitecer, junte-se ao pessoal que passeia pela Quinta.

Ruínas El Rey; Crococún Crocodile Park; Aviário de Xaman-Ha

TOP 10 Outras Atrações

1 Ruínas de El Rey, Cancún
Esta era uma cidade maia relativamente pequena, mas seu desenho, com uma "rua principal" claramente visível, permite imaginar como se dava a vida local. *Mapa K5 • 8h-17h diariam • Entrada paga*

2 Ruínas de El Meco, Cancún
Ruínas de uma importante cidade maia, fundada por volta de 300 d.C. Em seus palácios e na atarracada pirâmide principal há esculturas impressionantes de animais e de monstros. *Mapa K2 • 8h-17h diariam • Entrada paga*

3 Cenote Kantun-Chi
A luz do sol salpica a superfície da água deste cenote, onde os visitantes vêm em busca de um revitalizante mergulho. Tem ainda uma bela caverna subterrânea para explorar *(p. 52)*. *Mapa P5 • www.kantunchi.com • 9h-17h diariam. • Entrada paga*

4 Wet'n Wild, Cancún
Tem piscina de golfinhos interativa e um rio lento com 320m, além do parque aquático Wet'n Wild. É o maior parque de diversões da Riviera *(p. 50)*. *Blvd Kukulcán, km 25 • Mapa J6 • (998) 193 2000 • 9h-17h diariam • Entrada paga*

5 Puerto Juárez e Punta Sam
Os pequenos portos de barcos de passageiros (Puerto Juárez) e de carros (Punta Sam) a Isla Mujeres *(pp. 16-7)* são os pontos mais antigos de Cancún. *Mapa K1 e 2*

6 Palácio da Lua
Um dos maiores e mais bem equipados resorts da Riviera, em sua própria área na floresta ao sul de Cancún. *Mapa R3 • (998) 881 6000 ou (877) 325 1531 • www.palaceresorts.com*

7 Acamaya
Um ponto afastado para se isolar de tudo, no final da estrada esburacada ao norte de Puerto Morelos. Tem um pequeno hotel de *cabañas* e um camping. *Mapa R3*

8 Crococún Crocodile Park
Embora os crocodilos sejam a atração principal, macacos e papagaios, ao lado de espécies mais raras da fauna local, também se destacam *(p. 58)*. *Highway 307, km 31 • Mapa R3 • (998) 850 3719 • 9h-17h diariam • Entrada paga*

9 Punta Maroma
Entre as baías rodeadas de palmeiras em Punta Maroma, várias são reservadas exclusivamente aos hóspedes do luxuoso retiro tropical de Maroma *(p. 127)*. *Mapa R4*

10 Playacar
É a parte mais chique de Playa del Carmen, com um incrível aviário na selva no meio de avenidas ajardinadas, com grandes resorts e condomínios privados *(p. 56)*. *Mapa Q4*

Playa Delfines; Playa del Carmen

TOP 10 Praias

1 Playa Gaviotas, Cancún

Uma das melhores praias do leste de Cancún, situada bem no meio do burburinho, a Playa Gaviotas é o lugar certo para relaxar depois da agitação. Ao lado está o City Beach Club.
Blvd Kukulcán, km 9 • Mapa L4

2 Playa Delfines, Cancún

Ótimo lugar para relaxar em Cancún, com imensos bancos de areia branca e ondas batendo na praia. Tem uma linda vista para o norte, da orla da ilha de Cancún.
Blvd Kukulcán, km 18 • Mapa K5

3 Playa Norte, Isla Mujeres

O local favorito dos que curtem praia em Isla – uma faixa compacta de areia com muitos entretenimentos, como pedalinhos, caiaques e snorkel, além de ótimos bares para bater papo sob as palmeiras. *Mapa L1*

4 Playa Secreto, Isla Mujeres

Especialmente boa para crianças pequenas: uma enseada ampla e escondida da movimentada Praia Norte. Suas águas são calmas e dificilmente fica lotada de gente.
Mapa L1

5 Holbox

Indicada a quem gosta de se isolar, com quilômetros de praia para se escolher o ponto ideal. A ilha fica nas águas cor de opala do golfo do México, por isso não há corais *(p. 76)*.
Mapa G1

6 Puerto Morelos

Excelente para nadar com tranquilidade. Além da areia fina e dos poucos frequentadores, tem um recife com muita vida marinha perto da praia *(p. 76)*.
Mapa R3

7 Playa del Secreto

Um pouco ao sul de Puerto Morelos, esta praia grande, de areia branca, sedia muitas casas particulares e poucos hotéis, por isso há espaço à vontade.
Mapa R4

8 Punta Bete

Um dos pontos mais bonitos de toda a Riviera – palmeiras, baías de areia branca e mar turquesa. A terrível estrada de acesso ajuda a mantê-la assim *(p. 76)*.
Mapa R4

9 Playa del Carmen

A principal praia da cidade é um lugar bem movimentado, onde você pode mostrar seu talento no vôlei de praia e desfrutar de outras atividades *(pp. 12-3)*. *Mapa Q4*

10 Chunzubul, Playa del Carmen

Continuando a andar ao norte de Playa del Carmen, você encontra bastante espaço e os melhores pontos de snorkel e de mergulho com cilindro, além de praias de nudismo. Fique de olho em suas coisas nos trechos mais ermos *(p. 119)*. *Mapa Q4*

La Isla, Cancún; Avenida Hidalgo, no centro de Isla Mujeres

TOP 10 Compras

1 La Isla, Cancún
O shopping mais novo e chique na Área dos Hotéis, com uma ilha artificial rodeada por "canais" venezianos. É onde ficam as lojas de grife, como DKNY e Dolce & Gabbana. *Blvd Kukulcán, km 12,5 • Mapa K4*

2 Plaza Caracol, Cancún
Um dos maiores e mais variados shoppings de Cancún, com belas lojas de brinquedos, moda praia, joias finas e muitos restaurantes. *Blvd Kukulcán, km 8,5 • Mapa K4*

3 La Casa del Arte Mexicano, Cancún
A loja de presentes deste museu de arte popular apresenta artesanato de alto nível de todo o México, incluindo brinquedos. *Blvd Kukulcán, km 4 • Mapa K3*

4 Forum by the Sea, Cancún
Bom para comprar perfumes e joias, ou roupas de grifes como Levi's e Diesel. Tem um imenso Hard Rock no centro, praça de alimentação e casas noturnas ao lado. *Blvd Kukulcán, km 9,5 • Mapa K4 • 10h-24h diariam*

5 Coral Negro, Cancún
Não é um shopping moderno de luxo, e sim um bazar de joias e artesanato, a poucos passos do Forum. Entre as suas muitas bancas você encontra ótimo artesanato tradicional, e também muita tralha. *Boulevard Kukulcán, km 9,5 • Mapa L4*

6 Mercado 23, Cancún
Pequeno mercado ao ar livre onde os moradores vêm comprar carne, legumes, ervas de cura e até artigos para festas e piñatas. *Junto à Av Tulum na Calle Cedro • Mapa J3*

7 Mercado 28, Cancún
O mercado da cidade possibilita compras à moda antiga – além de frutas e legumes, há imensas bancas de sandálias *huarache* e chapéus panamá, mais uma grande praça de alimentação *(p. 83)*. *Av Xel-Ha e Av Tankah • Mapa J3*

8 Avenida Hidalgo, Centro de Isla Mujeres
A principal rua de Isla, com muitas lojas. Aqui e na paralela Av. Juárez, as lojinhas oferecem pássaros de madeira pintados, camisetas e joias locais feitas de conchas e coral. *Mapa L1*

9 Super Telas, Playa del Carmen
Aqui você acha tecidos de qualidade *(telas)*, com desenhos tradicionais e criativos. Permite compras mais originais do que na Quinta Avenida de Playa. *Constituyentes, Plaza Las Perlas • Mapa Q4*

10 Caracol, Playa del Carmen
Butique de dois andares, especializada em tecidos e bordados de todo o México – particularmente Chiapas – e da Guatemala. *Av 5, entre Calle 6 e Calle 84 • Mapa Q4*

Coco Bongo; La Santanera

TOP 10 Casas Noturnas

1 Coco Bongo, Cancún
Megaclube mais high-tech e animado de Cancún, com vários andares e repertório musical abrangente *(p. 60)*. *Blvd Kukulcán, km 9,5 • Mapa L4 • (998) 883 5061 • A partir de 22h30 diariam • Entrada paga*

2 Cun Crawl, Cancún
Relaxe na área do lounge ou entre na pista de dança, onde DJ's fazem um mix de música europeia. Chique. *Blvd Kukulcán, km 9,5 • Mapa L4 • (998) 165 0699*

3 Dady'O, Cancún
Favorito dos universitários, com noites do biquíni e outras loucuras. O Sweet, vizinho, tem bandas ao vivo *(p. 60)*. *Blvd Kukulcán, km 9,5 • Mapa L4 • (998) 883 3333 • Dady'O a partir de 22h diariam, Sweet a partir de 18h diariam • Entrada paga*

4 The City
Imenso, moderno, tem um bar de praia, restaurante e lounge. *Blvd Kukulcán, km 9,5 • Mapa L4 • (998) 848 8385 (ext 115) • Casa noturna abre a partir de 22h diariam • Roupa casual, mas proíbe sandálias e trajes de banho • Entrada paga*

5 Captain Hook's Pirate Night, Cancún
As noites em cruzeiros são em geral mais tranquilas que as dos clubes de Cancún, mas o Captain Hook's é animado, com uma tripulação "pirata" que encena uma batalha *(p. 60)*. *El Embarcadero, Blvd Kukulcán, km 4,5 • Mapa K3 • A partir de 18h30 diariam • Entrada paga*

6 Grand Mambo Café
O melhor lugar para descontrair em Cancún, o Grand Mambo Café apresenta bandas da República Dominicana, de Porto Rico, da Colômbia, de Cuba e de todo o Caribe *(pp. 62-3)*. *Plaza Hong Kong, local 31 • Mapa H3 • (998) 844 4536 • A partir de 22h30 qua-sáb*

7 Palazzo, Cancún
Oferece números ao vivo de artistas conhecidos e é ótimo na iluminação e no som. *Blvd Kukulcán, km 9 • Mapa L4 • (998) 848 8380 • A partir de 22h diariam • Entrada paga*

8 La Santanera, Playa del Carmen
Clube de dois andares, cada um com um ambiente. Toda noite DJs tocam música eletrônica e house *(p. 61)*. *Calle 4, entre Av 5 e Av 12 • Mapa Q4 • (984) 803 2856 • A partir de 23h diariam • Entrada paga*

9 Blue Parrot Beach Club, Playa del Carmen
Dance sob as estrelas junto à praia neste clube dividido em dois. DJs todas as noites. *Calle 12 Norte • Mapa Q4 • (984) 879 4749 • A partir de 23h diariam • Entrada paga*

10 OM Lounge Bar, Playa del Carmen
Esse bar superchique pulsa com energia e atinge o auge após as 2h da manhã, até o sol raiar. *Calle 12 Norte y Primera Privada 195 • Mapa Q4 • (984) 879 4784 • A partir das 16h diariam • Entrada paga*

La Madonna; Señor Frog's; Mamita's Beach Club

TOP 10 Para Beber e se Divertir

1 La Madonna, Cancún
Bar-restaurante muito elegante no melhor shopping de Cancún, La Isla, com decoração entre o barroco e o art nouveau. *La Isla, Blvd Kukulcán, km 12,5 • Mapa K4 • $$$*

2 Señor Frog's, Cancún
Próximo à Laguna Nichupté, é um dos locais mais populares em Cancún do grupo Anderson *(p. 60)*. Clima de festa, costuma ter bandas de rock. *Blvd Kukulcán, km 14,5 • Mapa L4 • $$*

3 Hard Rock, Cancún
Parecido um pouco com um templo romano, o Hard Rock de Cancún vale a visita. A fórmula de bar de rock'n'roll é conhecida no mundo todo, mas este atrai multidões. *Forum by the Sea, Blvd Kukulcán, km 9,5 • Mapa L4 • $$$*

4 Roots, Cancún
Barzinho escuro, estilo boêmio chique, com trilha de jazz latino. Promete "comida, música e arte" num clima relaxado e intimista. Bebidas locais e importadas. *Calle Tulipanes 26 • Mapa J3 • $*

5 Buho's, Isla Mujeres
Bar de praia mais divertido de Isla Mujeres. Com teto de folha de palmeira, fica na areia, a poucos passos do mar, e oferece petiscos mexicanos para acompanhar os coquetéis e as cervejas geladas. *Playa Norte • Mapa L1 • $$*

6 El Café Cito, Isla Mujeres
Local tranquilo, a poucas quadras da praia, com excelente café da manhã e café de primeira, sucos e lanches no resto do dia. *Av Juárez, esquina Av Matamoros, centro de Isla • Mapa L1 • $*

7 Mamita's Beach Club, Playa del Carmen
Uma das melhores praias de Playa é também o ponto de diversão mais popular, com espreguiçadeiras e redes para alugar, DJ e margaritas. *Na praia, perto da Calle 28 • Mapa Q4 • $$*

8 Deseo Lounge, Playa del Carmen
Um espetacular bar cromado e de vidro, que faz você se sentir em Nova York ou em Miami. Os coquetéis são a especialidade da casa. *Deseo Hotel, Av 5, junto à Calle 12 • Mapa Q4 • $$$*

9 Pez Vela, Playa del Carmen
Bar-restaurante sempre popular, com um imenso terraço ao ar livre que é um clássico da Quinta Avenida. O estilo, hippy-caribenho, inclui reggae e bandas de rock. *Av 5, junto à Calle 2 • Mapa Q4 • $*

10 Diablito Cha Cha Cha, Playa del Carmen
Com sofás confortáveis e uma clientela estilosa, é um bom lugar para aquecer antes de ir dançar nas casas noturnas *(p. 61)*. *Calle 12 com Av 1 Norte • Mapa Q4 • $$*

La Habichuela; La Parrilla

Categorias de Preço

Refeição para uma pessoa, com três pratos, uma cerveja ou um refrigerante (ou refeição equivalente), impostos e serviço.

$	até $10
$$	$10-$15
$$$	$15-$25
$$$$	$25-$35
$$$$$	acima de $35

TOP 10 Restaurantes

1 JC Capitán, Cancún
Este restaurante de frutos do mar de frente para a laguna oferece uma vista linda ao pôr do sol e é ótimo para provar as picantes *camaronillas* (camarão frito em tortillas). *Blvd Kukulcán, km 19,6 • Mapa K6 • (998) 885 3126 • $$$$*

2 La Habichuela, Cancún
Especialista em frutos do mar do Yucatán e do México, num jardim de luz suave, próximo ao Parque de las Palapas *(p. 70)*. *Calle Margaritas 25 • Mapa J3 • (998) 840 6240 • $$$$$*

3 La Parrilla, Cancún
Tem os favoritos do México, como carnes grelhadas, sopas e fondues. Música de mariachis todo dia *(p. 70)*. *Av Yaxchilán 51 • Mapa J3 • (998) 193 3973 • $$$$*

4 El Chapulim, Isla Holbox
Que a ausência de cardápio não seja motivo para você desistir de conhecer este bistrô, onde se servem os frutos do mar mais frescos da cidade e quase 30 tipos de cervejas mexicanas. *Av Tiburón ballena • Mapa G1 • $$$$*

5 Restaurantes Mercado 28, Cancún
O pátio do mercado da cidade é cheio de mesas debaixo dos toldos dos restaurantes. Serve-se comida tradicional divertida e barata, como o *pollo con mole* *(p. 69)*. *Av Xel-Ha com Av Tankah • Mapa J3 • Não aceita cartões • $$*

6 Da Luisa, Isla Mujeres
Aprecie Cancún ao longe enquanto saboreia a cozinha fusion caribenho-mediterrânea (frutos do mar, carne de porco ou frango) deste restaurante calmo e romântico. *Av Jesús Martinez s/n • Mapa L1 • (998) 888 0107 • $$$$*

7 Los Pelícanos, Puerto Morelos
Um dos melhores restaurantes com terraço, um local magnífico para relaxar, desfrutando seus incríveis coquetéis de frutos do mar ou pratos sutis de peixe *(p. 70)*. *Na Plaza • Mapa R3 • $$$*

8 La Casa del Agua, Playa del Carmen
Elegante café-restaurante-galeria com vista da Quinta Avenida desde sua varanda. O cardápio tem criativa comida mexicano-europeia. *Av 5, junto à Calle 2 • Mapa Q4 • (984) 803 0232 • $$$$$*

9 Ajua Maya, Playa del Carmen
Com cardápio de pratos maias deliciosos e autênticos, o Ajua Maya faz a noite memorável, ao som de música latina *(p. 71)*. *5th Av (entre Avenida 38 e Calle 40) • Mapa Q4 • (984) 803 1118 • $$$$*

10 Las Brisas, Playa del Carmen
Restaurante com grande terraço e estilo convencional, cujos frutos do mar estão entre os melhores da cidade. *Carretera Federal Cancún-Playa del Carmen • Mapa Q4 • $$$$$*

A menos que especificado, os restaurantes servem pratos vegetarianos; telefone incluído apenas quando cabível

Mergulho de snorkel; Puerto Aventuras; Tulum

Cozumel e o Sul

O TRECHO SUL DA RIVIERA *é o menos divulgado e o menos desenvolvido desse litoral, mas ainda oferece opções entre balneários de luxo e lugares fora da rota habitual – apenas os balneários daqui não são tão agitados, e os cantos tranquilos são mais afastados. Situada junto à costa, Cozumel é uma ilha muito tranquila, e oferece oportunidades de mergulho excepcionais. Tem algumas das mais notáveis praias do Caribe, como as sete baías de Xpu-Ha e a baía Media Luna, que seguem pelo litoral até o grande reduto de Tulum, com as suas ruínas de templo maia. Entrando um pouco para o interior, encontra-se outro importante sítio maia, a cidade de Cobá, toda tomada pela floresta.*

TOP 10 Atrações

1. **Cozumel**
2. **Recifes de Cozumel**
3. **San Gervasio, Cozumel**
4. **Puerto Aventuras**
5. **Xpu-Ha**
6. **Akumal**
7. **Xel-Ha**
8. **Tulum**
9. **Cobá**
10. **Sian Ka'an**

Nas páginas anteriores, **Mosteiro de San Antonio, Izamal** *(p. 99)*

Laguna Chankanaab, um dos recifes junto à praia de Cozumel

1 Cozumel

As reluzentes lojas de joias da orla de San Miguel combinam com o charme pacato de cidade pequena que há muito tempo tornou esta ilha um reduto de famílias. O lugar é ótimo para curtir um ritmo mais preguiçoso, talvez reservando um dia ao mergulho e o seguinte para explorar as ruínas maias da ilha, seus rochedos batidos por ventos, o fascinante parque natural de Punta Sur e as lindas praias e pontos de mergulho no litoral oeste *(pp. 10-1)*. *Mapa R5*

2 Recifes de Cozumel

A grande atração de Cozumel são seus mais de vinte recifes de coral, um incrível mundo de cavernas submersas, cânions e "florestas" de coral cheios de vida – desde pepinos-do-mar e luminosos peixes-anjo até graciosas raias e ocasionais tubarões. A água é transparente e os recifes Chan-kanaab e Paraíso ficam perto da praia, por isso podem ser apreciados até por mergulhadores iniciantes e de snorkel *(p. 11)*.

3 San Gervasio, Cozumel

As ruínas da capital maia de Cozumel, conquistada por Cortés e soldados espanhóis em 1519, ficam no meio da ilha. Suas edificações são pequenas comparadas às das grandes cidades maias, mas compõem um grande número – e descobri-las entre os bosques cheios de maravilhosos aromas, flores e pássaros requer uma caminhada *(p. 11)*.
Mapa R5 • (998) 849 2885 • 8h-16h diariam • Entrada paga

4 Puerto Aventuras

Maior e mais luxuoso balneário do sul da Riviera, esta vila especialmente criada para férias em volta de uma ilhota é hoje um belo porto de lazer, cheio de lojas e restaurantes. O campo de golfe de nove buracos é muito atraente, e a marina, a mais bem equipada de toda a Riviera, reúne os fãs de uma boa pescaria em alto-mar. Em outra parte do porto pode-se nadar com golfinhos *(p. 50)*. *Mapa Q5*

Ruínas de San Gervasio

Veja onde se hospedar em Cozumel nas **pp. 128-33**

5 Xpu-Ha

Ao longo destas sete baías, 3km ao sul de Puerto Aventuras, ficam algumas das mais idílicas praias da Riviera, com recifes exuberantes e encantadoras águas cor turquesa. Várias foram ocupadas por resorts (Xpu-Ha Palace, Copacabana, Robinson Club). Mas duas delas (sinalizadas como X-4 e X-7 a partir da rodovia) ainda ficam abertas ao público, e na X-7 há algumas pequenas *cabañas*, um camping e um centro de mergulho. *Mapa P5*

Litoral de Tulum

6 Akumal

Há tempos um centro de mergulho, com recifes fabulosos e lugares para mergulhar em cavernas, Akumal cresceu mas não foi muito afetada. Estende-se por várias lindas baías – Media Luna, a mais bonita, abriga a deliciosa laguna Yal-Ku *(p. 59)*. Apartamentos, casas e pequenos hotéis são mais comuns do que grandes resorts, por isso ainda encontram-se locais isolados – com certeza os mais procurados por tartarugas, como as praias do centro de Akumal, sua área de reprodução. *Mapa P5*

Os Sacbé de Cobá

Cobá era o centro da maior rede de *sacbé*, ou estradas maias de pedra, desta civilização. Eles ligavam partes da cidade, assim como cidades vassalas. Em cerca de 800 d.C., Cobá construiu o mais longo deles, medindo além de 100km, até Yaxuná, no oeste, como reforço nas guerras com Chichén – sem sucesso, pois Cobá foi derrotada logo depois.

7 Xel-Ha

Uma das melhores enseadas de recifes de corais no litoral foi transformada em "parque de snorkel" e é uma atração muito popular – especialmente para famílias. Em volta dela há um parque florestal e uma praia. Fora do parque, atravessando a rodovia, ficam as ruínas maias de Xel-Ha *(p. 90)*. *Mapa P6 • (998) 251 6560 • www.xelha.com • 8h30-19h diariam • Entrada paga*

Xel-Ha

8 Tulum

Ruínas desta cidade-templo maia, o Castillo ergue-se sobre a rocha de uma longa praia rodeada por palmeiras, com outros ocasionais rochedos e promontórios em

Veja as melhores praias de Cozumel e dos arredores sul na **p. 91**

seus 11km até Sian Ka'an. Ao longo dela há núcleos de cabinas com teto de folha de palmeira. Oferece oportunidades para mergulho e pesca, e perto daqui fica uma das melhores áreas do mundo de mergulho em caverna *(pp. 52-3)*. *Mapa P6*

9 Cobá

Esta imensa cidade maia – que antes abrigava cerca de 50 mil pessoas – foi a grande rival de Chichén Itzá. Diferente desta última ou de Uxmal, bem espalhada em volta de vários grandes lagos, exige que o visitante percorra trilhas fascinantes, numa densa floresta cheia de aves, para achar seus imensos edifícios. Aqui fica a pirâmide mais alta do Yucatán *(p. 38)*. *Mapa M5 • www.inah.gob.mx • 8h-17h • Entrada paga*

10 Sian Ka'an

Maior reserva natural de alagados do México, Sian Ka'an é o final da Riviera, logo ao sul de Tulum. Sua vasta área de mangues, selva e praias quase intocadas contém extraordinária variedade de aves e vida selvagem, e os passeios de um dia promovidos por agências locais dão um vislumbre do intricado e surpreendente ambiente natural. Os poucos locais desabitados do litoral são ideais para pescar, e transmitem uma sensação de tranquilo isolamento *(pp. 20-1)*. *Mapa F6*

Reserva de Sian Ka'an

Cozumel em um dia

Manhã

Comece por um café da manhã ou por um drinque no **Las Palmeras** *(p. 94)*, apreciando o movimento no cais de Playa del Carmen. Confira as lojas de joias e de suvenires na orla e nas ruas em volta da praça, mas não compre nada ainda. Alugue um carro e saia da cidade pela Avenida Juárez até as ruínas maias de **San Gervasio**. Se contratar um guia na entrada, não permita que ele o apresse; aprecie com calma os pássaros e a vegetação – uma atração tanto quanto as ruínas.

De volta à estrada principal, siga à esquerda até encontrar o litoral leste na **Punta Santa Cecilia**. Vire para o sul pela estrada junto às pedras e às ondas e almoce peixe e frutos do mar na praia, no **Chen Río** *(p. 95)*.

Tarde

Continue pela costa até o **Parque Punta Sur**. Ande do estacionamento até o farol de Punta Celarain e o pequeno templo maia conhecido como Caracol, e siga a trilha natural para tentar ver crocodilos e flamingos.

Você pode mergulhar de snorkel em Punta Sur, mas é mais provável que veja mais vida marinha se for até **Laguna Chankanaab** *(p. 87)*. Se quiser apenas praia tranquila, vá até a **Playa San Francisco** *(p. 91)*. Volte à cidade e não deixe de ver o pôr do sol desde o Malecón. Dê outra olhada nas lojas e compre o que tiver gostado mais no seu passeio da manhã.

Aktun-Chen; Punta Laguna

TOP 10 Outras Atrações

1 Paamul
Destino favorito para quem viaja de trailer e quer aproveitar os preços para longas estadias durante o inverno todo. O camping tem *cabañas (p. 126)*, um bar de praia *(p. 91)* e um centro de mergulho. *Mapa Q5*

2 Caverna Aktun-Chen
Esta caverna gigante na floresta do parque natural tem uma série de câmaras e estalagmites, além do rio subterrâneo *(p. 51)*. *Mapa P5*

3 Ruínas Xel-Ha
Cruzando a rodovia a partir do parque de snorkel, fica esta cidade maia em ruínas, uma das mais antigas da região. Em alguns edifícios há murais de cerca de 200 d.C. *Mapa P6 • 8h30-19h diariam • Entrada paga*

4 Tankah
Fora do circuito turístico, Tankah é uma praia calma com um ótimo recife, restaurante e um pequeno núcleo de casas e hotéis. Atrás da praia, perto do restaurante Casa Cenote, há um amplo cenote rodeado de bambus, ótimo para nadar depois de pegar umas ondas na praia. *Mapa P6*

5 Cenote Dos Ojos
Dos Ojos é talvez o maior sistema de cavernas subaquáticas do mundo. Os passeios de snorkel ou com cilindro oferecidos pelo centro Motmot são uma experiência memorável *(p. 51)*. *Mapa P6*

6 Gran Cenote
A estrada de Cobá ao norte de Tulum tem vários cenotes bons para nadar, e este é o mais bonito, uma piscina de água clara que conquista nadadores e mergulhadores de snorkel *(p. 52)*. *Mapa N6*

7 Cenote Aktun-Ha/ Carwash
Outro cenote ótimo para nadar, junto a rochas e bosques, indo para Cobá. Pode-se explorar a caverna principal de snorkel; mergulhadores (com guias) podem avançar mais. *Mapa N6*

8 Punta Laguna
Numa vila próxima a um lago na floresta ao norte de Cobá, esta reserva é um dos melhores locais para ver macacos-aranha no Yucatán. Há guias no local *(p. 48)*. *Mapa N4*

9 Ruínas Muyil
Velha e envolvente cidade maia localizada numa selva quente e úmida, entre a rodovia e o lago Chunyaxché, na reserva Sian Ka'an. *Mapa G4 • 8h-17h diariam • Entrada paga*

10 Estrada de Boca Paila a Punta Allen
Para quem gosta de aventura. É uma das mais esburacadas e desertas estradas do Yucatán, com fabulosas vistas do mar, do céu e da floresta. *Mapa G4-5*

Playa Sol; Praia Norte, Tulum; Praia Sul, Tulum

TOP 10 Praias

1 Playa San Francisco e Playa Sol, Cozumel

Duas das melhores praias da costa sudoeste de Cozumel: San Francisco e outras nas proximidades são ótimas para relaxar; Playa Sol é mais movimentada. *Mapa R6*

2 Chen Río, Cozumel

A melhor praia da costa leste de Cozumel, com uma enseada boa para nadar e até para surfar, mais adiante. Tem um restaurante de praia que vale a visita *(p. 70)*. *Mapa R5*

3 Paamul

Uma baía de areia branca com um agradável bar de praia e *cabañas (p. 126)*. Há mais de 2km de praia, o camping não impede a visão e as areias nunca lotam de gente. *Mapa Q5*

4 Xpu-Ha

Sete baías com areias frescas e brancas, graciosas palmeiras e os corais mais coloridos da Riviera. Várias são ocupadas por resorts, mas a X-4 e a X-7, sinalizadas na rodovia, são abertas ao público. *Mapa P5*

5 Baía Media Luna, Akumal

Como o nome sugere, esta baía tem a forma de uma lua crescente quase perfeita, com areia branca e mar calmo. A atmosfera é bem tranquila: há condomínios e casas particulares, e na ponta norte fica a linda laguna Yal-Ku *(p. 59)*. *Mapa P5*

6 Vila de Akumal

A praia no centro de Akumal é um pouco agitada, e atrás dela há boas opções de bares discretos e lojas. *Mapa P5*

7 Punta Solimán

Com a sombra de palmeiras, esta praia quase deserta passa uma sensação de isolamento, embora seu acesso exija apenas uma pequena estrada de terra que sai da rodovia. Alguns poucos barcos na areia e o bar *(p. 94)* são os principais sinais de habitação. *Mapa P6*

8 Praia Norte, Tulum

As praias ao norte de Tulum são procuradas por quem quer badalar e conhecer gente nas *cabañas* de preço barato. Têm a melhor vista das ruínas *(p. 18)*. *Mapa P6*

9 Praia Sul, Tulum

Estas praias são ideais para quem procura algum isolamento em Tulum, com praias mais longas e amplas, areias mais brancas, muito espaço e algumas *cabañas* com conforto e até com um certo luxo. *Mapa P6*

10 Punta Xamach e Conoco

Para chegar até estas praias remotas e desertas é preciso vencer uma estrada muito mal cuidada entre Boca Paila e Punta Allen *(p. 90)*. De qualquer modo, é bom contar com um veículo adequado, de preferência um 4x4. *Mapa G5*

Punta Langosta; Los Cinco Soles; Puerto Aventuras

TOP 10 Compras

1 Punta Langosta, Cozumel
A mais célebre novidade de Cozumel, este shopping no terminal de cruzeiros tem grandes nomes da moda – Versace, Tommy Hilfiger –, artesanato de primeira e lojas de joias. *Mapa R5*

2 Galería Azul, Cozumel
Observe o artista Greg Dietrich criar vasos, lâmpadas e lamparinas únicos nesta galeria de arte singular. Há também pinturas, joias e outros itens feitos por artistas locais. *449 Av 15 Norte, entre Calle 8 e Calle 10, 77600 • Mapa R5*

3 Tulum Bazaar, Tulum
Incrível mistura de lojas em verdadeiro mercado de pulgas mexicano. Amontoam-se suvenires, artesanato maia, tecidos e bijuteria. Prepare-se para pechinchar e fazer bons negócios. *Av Tulum • Mapa P6*

4 Miró T-Shirts, Cozumel
As camisetas da Miró destacam-se por seus desenhos originais, vivos e muito mexicanos, o que justifica os preços um pouco mais altos. A loja em Cozumel fica perto de Las Palmeras *(p. 94)*. *Av Rafael Melgar-Plaza Cozumel • Mapa R5*

5 Los Cinco Soles, Cozumel
Bom lugar para comprar todos os seus suvenires – uma loja de artesanato gigante no Malecón. Toalhas de mesa, roupas, joias, pássaros e animais em vidro, metal ou papel-machê. *Av Rafael Melgar 27, junto à Calle 8 • Mapa R5*

6 Unicornio, Cozumel
Grande loja de artesanato variado, boa em cerâmica e em madeira pintada. Oferece peças de qualidade e também quinquilharias, além de diversão. *Av 5 Sur, perto da Calle 1 Sur • Mapa R5*

7 Shalom, Tulum
Arrume-se aqui para uma festa de praia no estilo Tulum, com roupas estilo hippie, além de itens mais elegantes que você também pode usar para sair e dançar. *Av Tulum, entre Calle Orion e Calle Centauro • Mapa N6*

8 Pro Dive, Cozumel
Primeira opção para quem mergulha e explora o mar em Cozumel, com todo tipo de equipamento. *Av Adolfo Rosado Salas 198, esquina com Av 5 • Mapa R5*

9 Puerto Aventuras
Núcleo de lojas pequenas e elegantes. Entre charutos e joias sofisticadas, há também roupa de grife mexicana na Arte Maya e artesanato fino no El Guerrero. *Mapa Q5*

10 Mixik Artesanías, Tulum
Tulum não é um grande centro de compras, mas esta pequena loja exibe uma coleção com alta qualidade de artesanato de diversas partes do México. *Av Tulum, em frente ao terminal de ônibus • Mapa P6*

Carlos 'n Charlie's; La Zebra

TOP 10 Casas Noturnas

1 Carlos 'n Charlie's, Cozumel
Maior bar-restaurante e local de música de Cozumel, aqui toda noite o pessoal se junta para uma festa ao ar livre, ao som de rock clássico, da década de 1970 até hoje *(p. 61)*. *Av Rafael Melgar 551 • Mapa R5 • Diariam a partir de 11h*

2 Tiki Tok, Cozumel
Um dos melhores lugares de Cozumel para dançar, com apresentações regulares de uma banda de salsa. Peça um drinque tropical e aprecie a vista do mar. *Av Rafael Melgar, junto às Calles 2 e 4 • Mapa R5*

3 Plaza del Sol, Cozumel
Cozumel não tem vida noturna muito agitada, mas a praça central de San Miguel ferve – especialmente aos domingos, quando em geral há música ao vivo. *Av Melgar com Av Juárez • Mapa R5*

4 La Zebra, Tulum
A festa com salsa aos domingos à noite no La Zebra atrai pessoas da praia toda e do centro. Chegue cedo para as aulas básicas de dança. *Estrada da praia, km 4,6 • Mapa G4*

5 Hard Rock Café, Cozumel
A arquitetura estilo maia do edifício produz um efeito incrível neste local de culto ao rock. Às vezes tem música ao vivo. *Av Rafael Melgar 2A • Mapa R5 • Diariam a partir de 22h • Entrada paga*

6 Jimmy Buffett's Margaritaville, Cozumel
Na água, com ótima vista e comida familiar, essa filial da rede faz um sucesso enorme com turistas. *Av Rafael Melgar 799, Col Centro • Mapa R5 • 9h-23h seg-sáb*

7 Joel's Bar, Puerto Aventuras
Ampla variedade de atrações, incluindo show de golfinhos e música ao vivo, além do jantar. *Na Marina • Mapa Q5 • 16h-1h diariam*

8 Al Cielo, Puerto Aventuras
O exclusivo Al Cielo promove eventos únicos na praia Xpu-Ha, em geral tendo o mar enluarado como pano de fundo. Apresenta ótimos músicos, dançarinos e outros artistas. *Xpu-Ha Beach • Mapa Q5 • 11h30-21h diariam • Entrada paga*

9 Batey Mojito e Guarapo Bar, Tulum
O principal ponto de encontro de fim de noite, com bandas ao vivo e bebidas inovadoras. Seus mojitos, com caldo de cana fresco e rum, são um grande sucesso. *Calle Centauro Sur junto às Av Tulum e Andromeda Oriente • Mapa P6*

10 Mezzanine, Tulum
Este restaurante-bar combina luxo com políticas ecológicas. Desfrute de um coquetel enquanto relaxa com os sons de DJs convidados. *Carretera Boca Paila km 1,5 • Mapa P6 • Diariam a partir de 11h • Não aceita cartões • Entrada paga*

Las Palmeras; Piña Colada; El Paraíso

TOP 10 Para Beber e Se Divertir

1 Hard Rock, Cozumel
O Hard Rock de Cozumel segue a fórmula internacional, mas com diferenciais como a atmosfera alegre e ruidosa, o ar-condicionado e bandas ao vivo, melhores que as da maioria dos bares da ilha. ✆ *Av Rafael Melgar 2A, junto à Av Juárez • Mapa R5 • $$$$*

2 Las Palmeras, Cozumel
Bar numa grande cabana caribenha, em frente ao cais da praça principal de San Miguel. Drinques ótimos, possibilidade de observar pessoas e café da manhã excelente. ✆ *Av Rafael Melgar-Plaza Cozumel • Mapa R5 • $$$*

3 Kelley's, Cozumel
Bar ao ar livre, frequentado por mestres do mergulho e guias turísticos, fica barulhento nas transmissões de jogos de futebol americano. Ideal para cerveja gelada e hambúrguer. ✆ *Av 10, entre Salas e Calle 1 • Mapa R5 • $*

4 Viva México, Cozumel
Um dos poucos cafés com vista para o mar em San Miguel, oferece margaritas, mojitos e daiquiris para acompanhar pratos mexicanos e americanos. ✆ *Av Rafael E. Melgar • Mapa R5 • $$*

5 Café del Museo, Cozumel
Tranquilo, na cobertura do museu de Cozumel *(p. 10)*, com linda vista da orla e bom café. Serve lanches e café da manhã. ✆ *Av Rafael Melgar, junto à Calle 4 • Mapa R5 • 9h-17h diariam • $$*

6 Mezcalito's, Cozumel
Restaurante tradicional, supertranquilo, em localização maravilhosa, onde a estrada que cruza a ilha encontra o litoral leste, e com o som perene das ondas do mar. ✆ *Punta Santa Cecilia • Mapa R5 • $$*

7 Cabañas Paamul
A sombra e a vista ideal da praia fazem deste bar das Cabañas e Camping Paamul *(p. 126)* um ótimo lugar para se refrescar depois de um tempo ao sol. Serve lanches também. ✆ *Mapa Q5 • $$*

8 Piña Colada, Puerto Aventuras
O bar de praia favorito de Puerto Aventuras, com um grande teto de palha seca. A especialidade são os coquetéis tropicais. ✆ *Mapa Q5 • $$$*

9 Oscar y Lalo, Punta Solimán
Punta Solimán tem um ar de ilha des erta, e seu único bar também. Os anfitriões Oscar e Lalo, que também dirigem o camping e alugam caiaques, são amistosos e cozinham ótimos frutos do mar. ✆ *Mapa P6 • $*

10 El Paraíso, Tulum
Muitos dos núcleos de *cabañas* na praia de Tulum têm bares, mas o Paraíso, perto das ruínas, oferece a melhor vista e um terraço para desfrutar da brisa. ✆ *Estrada da praia km 5,5 • Mapa P6 • $$*

Guido's; Rock'n Java

Categorias de Preço

Refeição para uma pessoa, com três pratos, uma cerveja ou um refrigerante (ou refeição equivalente), impostos e serviço.

$	até $10
$$	$10-$15
$$$	$15-$25
$$$$	$25-$35
$$$$$	acima de $35

TOP 10 Restaurantes

1 Guido's, Cozumel

O Guido's é famoso por sua rica lasanha, mas serve outros ótimos pratos italianos, como a pizza ao forno a lenha. Tem jardim externo. *Av Melgar nº 23, entre Calle 6 e Calle 8 • Mapa R5 • (987) 872 0946 • $$$$$*

2 Rock'n Java, Cozumel

Café à beira-mar, dirigido por americanos, com deliciosas saladas e sanduíches. Reserve espaço para uma grande fatia de torta de maçã ou para uma das outras sobremesas. *Av Rafael Melgar nº 602, entre Calle 7 e Av Quintana Roo • Mapa R5 • (987) 872 4405 • $$$*

3 Casa Denis, Cozumel

Um dos restaurantes mais antigos da ilha, numa casa de madeira próxima à praça, serve clássicos do Yucatán *(pp. 68-9)* por preços baixos. *Calle 1 Sur, junto à Av 5 • Mapa R5 • Diariam a partir de 7h • Não aceita cartões • $$$*

4 La Cocay, Cozumel

Restaurante tranquilo numa cabana de madeira estilo Caribe, oferece pratos de inspiração mediterrânea, como massas, peixes e saladas excelentes. *Calle 8, entre Av 10 e Av 15 • Mapa R5 • $$$$*

5 Chen Río, Cozumel

Melhor restaurante da costa leste de Cozumel, é um local maravilhoso para comer na praia *(p. 70)*. *Praia de Chen Río • Mapa R5 • Não aceita cartões • $$$*

6 Ristorante Massimo, Puerto Aventuras

Restaurante numa *cabaña* com vista do mar, serve pratos típicos americanos e italianos. *Plaza Marina • Mapa Q5 • (984) 873 5418 • $$$$*

7 Tequilaville, Akumal

Esse restaurante pequeno serve boa variedade de comida mexicana genuína. Tem o que para muitos é o melhor hambúrguer da Riviera Maia. *Calle Principal • Mapa P5 • (984) 875 9022 • $$$*

8 Cetli, Tulum

Restaurante informal, onde o chef e dono, treinado na Cidade do México, serve versões leves e refinadas de clássicos como *chiles en nogada* (pimentões recheados com molho de nozes). *Calle Polar com Calle Orion • Mapa P6 • (984) 108 0681 • $$$$*

9 Don Cafeto, Tulum

Um dos mais antigos de Tulum, com grande terraço ao ar livre. É um dos melhores lugares para pratos mexicanos tradicionais. *Av Tulum, 64 • Mapa P6 • (984) 871 2207 • $$$$*

10 Único, Tulum

Comida fresca e bem servida. O pargo com purê de chaya, chuchu refogado e pimentão vermelho assado é um prato bastante popular. *Avenida Coba, esquina com Polar • Mapa P6 • $$$*

A menos que especificado, os restaurantes servem pratos vegetarianos; telefone incluído apenas quando cabível

Ek-Balam; Flamingos, Río Lagartos

Região Central

A INCONFUNDÍVEL IDENTIDADE DO YUCATÁN *e um orgulho da própria cultura distinguem cidades como Valladolid ou Tizimín, com igrejas coloniais e praças espanholas, mulheres maias vendendo frutas e flores coloridas, e uma vida de rua em ritmo tranquilíssimo. Os ancestrais dos modernos maias construíram aqui algumas de suas melhores criações, em Ek-Balam e na cidade de Chichén Itzá. Imensas cavernas subterrâneas e mágicos cenotes ocultam-se sob a paisagem.*

Cenote Dzitnup

TOP 10 Atrações do Yucatán Central

1. Valladolid
2. San Bernardino Sisal, Valladolid
3. Cenote Dzitnup
4. Ek-Balam
5. Cavernas Balankanché
6. Chichén Itzá
7. Río Lagartos
8. San Felipe
9. Izamal
10. Telchac e Uaymitún

Valladolid

1 Valladolid

A capital espanhola do leste do Yucatán, fundada em 1545, tem uma das mais elegantes praças coloniais da região – maravilhosa para observar pessoas –, com sua esbelta catedral. Valladolid é conhecida por seus bordados, e a praça é um bom lugar para comprar os vestidos brancos e as toalhas *huípil* com padrões de flores. A cidade tem muitas outras igrejas e casas espanholas antigas, e a apenas quatro quadras da plaza você pode apreciar o notável poço do Cenote Zací, que já foi a fonte de abastecimento de água de Valladolid. *Mapa E3*

2 San Bernardino Sisal, Valladolid

Esta grande igreja e claustro, similar a uma fortaleza, teve sua construção iniciada em 1552, e é a mais antiga igreja permanente do Yucatán. Como outras erguidas nessa época, foi projetada pelo arquiteto da ordem franciscana frei Juan de Mérida. Parece bem medieval, com uma incomum galeria sombreada de graciosos arcos ao longo da fachada e um claustro de altas colunas de pedra em volta de um exuberante jardim. Tanto a igreja como o claustro oferecem uma agradável tranquilidade, e dentro há raros altares com peças barrocas do século XVIII *(p. 42)*.

Mapa E3 • Calle 41-A, Valladolid • 8h-12h, 17h-19h seg, qua-dom • Entrada paga ocasionalmente

3 Cenote Dzitnup

Dos cenotes com fácil acesso que permitem nadar, este é o mais espetacular e uma das grandes atrações do Yucatán. Entrando por um túnel apertado, você emerge numa caverna ampla como uma catedral, com torres de rochas de estranhas formações e uma piscina cor turquesa. No meio, um facho de luz do sol entra por um orifício do teto e cai direto sobre a água. Todo mundo gosta de nadar através do facho, para ser tocado por essa luz mágica *(p. 52)*. *Vila Dzitnup • Mapa E3 • 8h-17h diariam • Entrada paga*

San Bernardino Sisal, Valladolid

Ek-Balam

O Sal de Chichén

O sal era uma grande riqueza na antiga América. Nas lagunas perto de Río Lagartos há grandes salinas exploradas até hoje. Em 800 d.C., Chichén Itzá conseguiu controlá-las e construiu um porto em El Cerrito, a leste de Río Lagartos, para o comércio do sal. O fruto desse investimento possibilitou a Chichén alcançar o domínio do Yucatán.

4 Ek-Balam

Em 1998, escavações revelaram algumas das melhores esculturas maias destas ruínas, no templo funerário chamado de Acrópole. A mais espetacular é El Trono, uma entrada de templo que se imagina ser o túmulo de Ukit-Kan-Lek-Tok, governante por volta de 800 d.C. Perto há um grupo de figuras esculpidas. O resto da Acrópole é um palácio de vários andares *(p. 38)*. *Mapa F2 • www.inah.gob.mx • 8h-17h diariam • Entrada paga*

5 Cavernas Balankanché

Grande labirinto com vários quilômetros de cavernas sob a floresta do Yucatán. As cavernas eram sagradas para os maias, e numa delas, o santuário, foram achados restos de mais de cem queimadores de incenso. A visita termina numa câmara mágica, com uma piscina onde o piso da caverna, visto através da água, é uma imagem em espelho do seu teto. *Mapa E3 • 8h-17h diariam • Entrada paga*

6 Chichén Itzá

É a mais impressionante de todas as antigas cidades maias, e uma das mais assombrosas imagens da guerra e do sacrifício. A grande pirâmide de El Castillo, o Pátio de Dança, o Cenote Sagrado e o Templo dos Guerreiros são visitas obrigatórias *(pp. 22-5)*.

7 Río Lagartos

Esta pacata vila na remota costa norte fica no início de mais de 20km de mangues e pântanos, com as maiores colônias de flamingos do Yucatán e uma impressionante variedade de outras aves. Barqueiros locais oferecem passeios por bom preço *(pp. 49 e 55)*. *Mapa F1*

Chichén Itzá

San Felipe

8 San Felipe

A oeste de Río Lagartos, esta vila é menor ainda e tem uma praia ótima, quase vazia, na faixa de areia do outro lado da laguna, defronte às águas cor de opala do golfo do México. Barqueiros levam e trazem as pessoas, e oferecem também passeios para observar flamingos. Da vila vê-se um lindo pôr do sol *(pp. 49 e 55)*. *Mapa E1*

9 Izamal

A mais preservada cidade colonial espanhola do Yucatán, conhecida como *ciudad dorada* pela cor de seus edifícios, tem como destaques o imenso mosteiro de San Antonio, iniciado em 1549 como sede dos franciscanos no Yucatán, e o santuário de Nossa Senhora de Izamal, padroeira da região. Bem perto ficam os restos de três pirâmides, vestígios de uma cidade maia ainda mais antiga *(pp. 40 e 42)*. *Mapa D2*

10 Telchac e Uaymitún

A oeste de San Felipe, uma estrada segue o litoral por pacatas vilas pesqueiras. Do lado do mar, extensas praias do golfo, em geral vazias. Do lado do interior, uma laguna cheia de aves. Telchac é um porto pesqueiro com belas praias e alguns restaurantes discretos e hotéis econômicos. Em Uaymitún há uma torre para observar pássaros, gratuita, na laguna *(p. 49)*. *Mapa C/D2*

Passeio de Dois Dias

Primeiro Dia

Pernoite em Valladolid ou, melhor ainda, na pequena cidade de Pisté, junto a **Chichén Itzá**, e chegue nas ruínas o mais cedo possível. Primeiro, faça a escalada do Castillo para ter uma vista geral da antiga cidade em toda sua majestosidade. Passe pelo menos três horas em Chichén e recupere as energias almoçando no elegante **Las Mestizas**, em Pisté *(p. 103)*.

À tarde, decida: se quiser continuar vendo ruínas maias, vá até **Ek-Balam**, ou então para **Valladolid** ver a plaza, o mosteiro de San Bernardino e o notável cenote da cidade. Antes que fique muito tarde, siga até Río Lagartos (104km) para agendar um passeio até os flamingos na manhã seguinte. Instale-se no **Hotel San Felipe**, em San Felipe *(p. 131)*.

Segundo Dia

É melhor ver os flamingos cedo, por isso saia por volta das 7h. Um trajeto de 2 a 4 horas leva até um exuberante e raro mundo natural, por amplas lagunas e estreitos riachos. Depois, no almoço, peça um ceviche em Isla Contoy, na orla, ou vá até **Tizimín** comer um filé no **Tres Reyes** *(p. 103)*, na ampla praça colonial.

De Tizimín, siga a oeste por vários quilômetros de fazendas pecuárias até **Izamal**. Aqui você pode apreciar a cidade desde o pátio com arcadas do seu mosteiro. As cores douradas desta cidade são especialmente agradáveis de apreciar sob a luz quente do início da noite.

Cenote Ik Kil; Tizimín; Aké

TOP 10 Outras Atrações

1 Cenote Ik Kil
Imenso fosso circular preenchido por bela piscina subterrânea – hoje o centro de um parque natural privado. As pessoas nadam e depois comem no restaurante junto ao cenote. *Rodovia 180, 3km a L de Chichén Itzá • Mapa E3 • 8h-17h diariam • Entrada paga*

2 Tihosuco
Esta vila remota, 50km ao sul de Valladolid, é onde se iniciou a revolta maia da Guerra das Castas *(p. 37)*, e ainda tem marcas das batalhas. Um museu conta essa história. *Mapa E4 • Museu: 10h-17h ter-dom • Entr. paga*

3 Yaxcabá
Cidadezinha superpacata nos bosques, que surpreende com uma imponente igreja do século XVIII, com uma singular fachada de três torres e uma peça de altar muito bem esculpida. *Mapa D3*

4 Calotmul
Entre Valladolid e Tizimín, esta é outra cidade quente do interior, com uma bela igreja (1749) e uma peça de altar barroca de magnífica ornamentação. *Mapa F2*

5 Tizimín
O núcleo da região pecuária do Yucatán é uma cidade-mercado onde o turismo em geral passa despercebido. Tem duas amplas praças, divididas pelos muros de dois mosteiros espanhóis *(p. 40)*. *Mapa F2*

6 El Cuyo
No final de uma estrada solitária de pastos, florestas e planícies de areia, esta vila pesqueira é ótima para fugir das multidões e desfrutar das praias do golfo *(p. 55)*. *Mapa F1*

7 Bocas de Dzilam
Esta vasta área de mangues inóspitos a oeste de San Felipe é afastada e selvagem. Não há excursões regulares, mas barqueiros de San Felipe e Dzilam oferecem passeios. *Mapa D1*

8 El Bajo e Santa Clara
Ao longo da estrada do litoral norte fica uma ilha comprida e estreita, de areia, El Bajo, com praias desertas, à sombra de coqueiros. Na vilinha de Santa Clara você encontra barqueiros que oferecem passeios até aqui. *Mapa D1*

9 Aké
Esta cidade em ruínas a oeste de Izamal é um mistério, assim como suas colunas e rampas, únicas entre os edifícios maias. A igreja local foi erguida sobre uma pirâmide antiga *(p. 39)*. *Mapa C2 • www.inah.gob.mx • 8h-17h diariam • Entrada paga*

10 Xcambó
As características ruínas de uma cidade maia costeira, talvez uma extensão de Dzibilchaltún. Do alto da sua pirâmide principal tem-se bela vista do mar. *Mapa C2 • www.mayayucatan.com.mx • 8h-17h diariam • Entrada paga*

Praça principal de Valladolid; Aguilar em sua loja, que também aluga bicicletas

TOP 10 Lojas, Mercados e Passeios

1 Praça Principal de Valladolid
Mulheres maias das vilas vizinhas exibem seus belos *huípil* (trajes tradicionais) e outros bordados nas grades do Parque Principal. *Mapa E3*

2 Mercado de Artesanato de Valladolid e Feira
Mercado semioficial de artesanato, com finos bordados, além de peças industrializadas. A feira vizinha é uma singular reunião de lojas em volta de uma praça de alimentação *(p. 103)*. *Mercado de Artesanías Calle 39, esquina Calle 44 • Mapa E3*

3 Yalat, Valladolid
Fica na praça central de Valladolid e vende joias, roupas bordadas, chocolate mexicano e escovas de banho feitas de sisal. *Calle 39 com Calle 40 • Mapa E3*

4 Aguilar Bicicletas, Valladolid
Em sua precária loja, o ex-jogador de beisebol Antonio "Negro" Aguilar dá informações, vende artigos esportivos e aluga quartos baratos e bicicletas por preços baixos. *Calle 44, entre Calle 39 e Calle 41 • Mapa E3*

5 Mercado de Artesanato, Chichén Itzá
Perto do centro de visitantes de Chichén há praticamente um shopping de artesanato, onde maias vendem seus bordados, redes e esculturas. *Mapa E3*

6 Mercado, Tizimín
Não é um lugar de venda de suvenires, mas um mercado real de cidade de interior, com frutas, legumes e artigos domésticos. *Mapa F2 • 8h-17h diariam*

7 Passeios para ver Flamingos, Río Lagartos
A melhor cooperativa local de barqueiros possui um quiosque na orla, à esquerda do final da estrada de Tizimín. Trabalha com a reserva natural e tem bons barcos e guias experientes *(p. 49)*. *Mapa F1 • (986) 862 0542*

8 Passeios em San Felipe
A cooperativa de barqueiros daqui é um pouco menos organizada, mas também tem uma cabana na orla, na vila de San Felipe. Os preços equivalem aos de Río Lagartos, mas estes barqueiros se dispõem mais a levá-lo até Bocas de Dzilam *(em frente)* e à laguna de Río Lagartos *(p. 49)*. *Mapa E1 • (986) 100 8390*

9 Hecho a Mano, Izamal
Uma lojinha linda, com uma seleção de arte popular feita à mão melhor do que a dos mercados, e fotos impressionantes de cenas do Yucatán. *Calle 31, nº 308, junto à Prefeitura • Mapa D2*

10 Mercado, Izamal
O mercado de Izamal, logo abaixo do mosteiro, é uma boa bagunça de suvenires, artesanato e pequenos cafés. *Calle 31/Calle 32 Mapa D2 • 8h-17h diariam*

La Chispa; Hotel María de la Luz

TOP 10 Para Beber e Se Divertir

1 La Chispa, Valladolid
Bar-restaurante estiloso, orientado para os jovens, com adereços metálicos de design vistoso, no pátio de uma velha casa colonial. *Calle 41, entre Calle 42 e Calle 44 • Mapa E3 • $$*

2 La de Michoacán, Valladolid
Perto do Chispa, esta combinação simples de café, sorveteria e padaria faz sucesso entre os mochileiros, e oferece sucos e lanches econômicos. *Calle 41, entre Calles 42 e 44 • Mapa E3 • $$*

3 Shows aos Domingos, Valladolid
Como muitas cidades do Yucatán, Valladolid oferece diversão gratuita – a banda da cidade faz concerto todo domingo à noite na praça, com repertório musical que vai de rumbas e boleros a jazz clássico. *Parque Principal • Mapa E3 • A partir de 19h30 dom*

4 Hotel María de la Luz, Valladolid
Tem um grande terraço à sombra no Parque Principal, com bancos confortáveis – ideal para relaxar e apreciar o movimento da praça. *Calle 42 • Mapa E3 • $$*

5 Squimz Bistro Café, Valladolid
Instalado em uma antiga casa colonial, este bistrô combina culinária local com internacional. Peça de sobremesa o Flan Napolitano, sua marca registrada. *Calle 39, 219, entre C/ 44 e C/46 • Mapa E3 • $$*

6 Pueblo Maya, Pisté
Serve-se autêntica comida mexicana neste local que também funciona como uma feira de artesanato. Há ainda redes, para repousar após a refeição. *Calle 15, 48-B, Manzana, 13 • Mapa E3 • $*

7 Miramar, El Cuyo
Dentro do Hotel Aida Luz, na tranquila aldeia de pescadores de El Cuyo, este restaurante serve pratos típicos preparados com peixes pescados no local. *Calle 40, 3A • Mapa F1 • 7h-20h diariam • $*

8 La Torreja, Río Lagartos
Bar-restaurante acolhedor com cerveja gelada, ceviche (salada de peixe cru marinada em lima) e outros petiscos do Yucatán, além de linda vista da laguna. *Em frente ao quiosque da Flamingo Tours • Mapa F1 • $$*

9 Bares do mercado, Izamal
Vários cafés e *loncherías* aqui compartilham um terraço ao ar livre, para apreciar o mosteiro e a vida da cidade. Alguns servem cerveja; outros, drinques para acompanhar os petiscos. *Calle 31, junto à Calle 32 • Mapa D2 • $*

10 El Asadero de Chicxulub
Este restaurante-bar é popular nos fins de tarde entre os habitantes, que vêm para um ceviche com cerveja. *Uma quadra a L da plaza • Mapa C2 • $$*

Veja os Top 10 de pratos e lanches do Yucatán nas **pp. 68-9**

Categorias de Preço

Refeição para uma pessoa, com três pratos, uma cerveja ou um refrigerante (ou refeição equivalente), impostos e serviço.

$	até $10
$$	$10-$15
$$$	$15-$25
$$$$	$25-$35
$$$$$	acima de $35

Hostería del Marqués; El Mexicano

TOP 10 Restaurantes

1 Hostería del Marqués, Valladolid

O principal hotel de Valladolid abriga seu restaurante mais fino, com mesas num pátio cheio de plantas. As versões de pratos locais como os *lomitos* de Valladolid *(p. 68)* são perfeitas. *Calle 39, no Parque Principal • Mapa E3 • (985) 856 3042 • $$$*

2 Cocinas Económicas, Valladolid

Em volta da feira da praça *(p. 101)* há uma fileira de balcões self--service. Animado, envolvente, o lugar é ótimo para café da manhã e lanches. *Calle 39, no Parque Principal • Mapa E3 • Não aceita cartões • $*

3 El Mexicano, Valladolid

É o elegante restaurante do hotel Quinta Regia *(p. 131)*. O cardápio utiliza ingredientes locais frescos, alguns da horta do hotel. *Calle 40, nº 160A, entre Calle 27 e Calle 29 • (985) 856 3472 • $$$*

4 Chaya's Natural Café, Ek-Balam

O restaurante no Genesis Retreat *(p. 126)* atende não hóspedes à tarde. Seus crepes e biscoitos de chocolate-chili são imperdíveis. *Em uma das esquinas da praça da cidade • Mapa F2 • $$$*

5 Las Mestizas, Pisté

Las Mestizas é o restaurante mais bonito da rua principal de Pisté, e também o que conta com o serviço mais simpático. Serve uma deliciosa sopa de lima *(p. 68)*. *Mapa E3 • (985) 851 0069 • Não aceita cartões • $$*

6 Tres Reyes, Tizimín

Como Tizimín é a capital do gado do Yucatán, a especialidade de seus restaurantes é a carne, em geral servida em finas tiras *(arracheras)*. *Calle 52, esquina Calle 53 • Mapa F2 • (986) 863 2106 • Não aceita cartões • $$$$*

7 Restaurante Isla Contoy, Río Lagartos

Fica no cais, sob um teto de palha, e tem a magia do mar e coquetéis de frutos do mar com muita lima e coentro. *Mapa F1 • (986) 862 0000 • Não aceita cartões • $*

8 Restaurante Vaselina, San Felipe

Local grande, estilo galpão, à beira-mar, onde você come camarão fresco, polvo e moluscos. *Mapa E1 • (986) 862 2083 • $$*

9 Kinich, Izamal

Num jardim exuberante, este restaurante é famoso pela boa comida clássica do Yucatán, como *poc-chuc (p. 68)*. Apenas almoço. *Calle 27, nº 299, entre Calle 28 e Calle 30 • Mapa D2 • (988) 954 0489 • $$$$*

10 Restaurante El Toro, Izamal

Pequeno, numa praça perto do mosteiro, acolhedor, com saborosos pratos do Yucatán e tacos. *Plazuela 2 de Abril • Mapa D2 • (998) 954 1169 • Não aceita cartões • $$*

A menos que especificado, os restaurantes servem pratos vegetarianos; telefone incluído apenas quando cabível

Cafés, Mérida; Mayapán

O Oeste

EM NENHUM OUTRO LUGAR O YUCATÁN É TÃO CARACTERÍSTICO *quanto no Oeste, em torno de sua capital histórica, Mérida. É uma região muito rica em relíquias maias, e embora elas possam não ter o mesmo impacto de Chichén Itzá, sítios como Uxmal mostram a arquitetura maia em seu aspecto mais elegante. Além das atrações principais, a região tem ainda trechos de natureza intocada, lagunas ocultas e pequenas cidades com exuberantes buganvílias e hibiscos.*

Chelem; Estátua de guerreiro, Ticul

TOP 10 Atrações

1. Mérida
2. Celestún
3. Dzibilchaltún
4. Progreso
5. Uxmal
6. Kabah
7. Sayil
8. Labná
9. Cavernas Loltún
10. Campeche

Igreja, Ticul

Chelem, Ticul e Mayapán estão na **p. 108**

1 Mérida

É talvez a mais sedutora das cidades coloniais mexicanas. A arquitetura elegante, os pátios sombreados, os grandes mercados, a acolhida das pessoas, a suave música dos *boleros* e *jaranas* em concertos gratuitos nas praças do século XVI, e as festas para todas as idades aos domingos – o apelo da cidade é rico e variado *(pp. 26-7)*.

2 Celestún

Ao norte desta vila pesqueira há uma extensão de lagunas que oferece condições para a reprodução de grandes colônias de flamingos cor-de-rosa e íbis, garçotas e garças-azuis. Como saem muitos passeios de barco da vila, a laguna às vezes fica cheia. Mas se você pernoitar em Celestún depois que os turistas voltam a Mérida, verá a vila calma, com suas lindas praias, hotéis e restaurantes tranquilos, e um lindo pôr do sol. ✎ *Mapa A2 • Passeios: Embarcadero de Celestún: 8h-17h diariam • Entrada paga*

Arquitetura colonial, Mérida

3 Dzibilchaltún

O Templo das Sete Bonecas, por onde o sol passa ao nascer nos equinócios de primavera e de outono para seguir por um *sacbé* (estrada rústica) até a plaza central, é o aspecto mais celebrado das ruínas desta cidade maia ao norte de Mérida. Foi uma das cidades maias de vida mais longa, ocupada por mais de 2 mil anos. Há outros templos no sítio, além de um Palácio e de uma capela de missionários. O imenso e misterioso Cenote Xlacah – que antes abastecia a cidade –, hoje é um local idílico para se refrescar. ✎ *Mapa C2 • Cenote Xlacah: 8h-17h diariam • Entrada paga seg-sex*

Dzibilchaltún

4 Progreso

Porto de Mérida e praia favorita da cidade, Progreso mostra bem a vida cotidiana do Yucatán. O porto fica na ponta de um píer de 6km, e as águas rasas junto à praia mantêm-se tranquilas – pelo menos até o fim de semana, quando os meridanos ocupam as areias e as quentes águas azuis. Há ótimos restaurantes de peixe ao longo da orla, com grandes terraços externos que vivem cheios de gente *(p. 45)*.

A praia de Progreso e o longo píer de pedra

5 Uxmal

Com as linhas elegantes do seu Quadrilátero do Convento e a sólida massa da Pirâmide do Mago, Uxmal é não só uma das mais belas cidades maias mas também uma das maiores atrações das Américas *(pp. 28-9)*.

Uxmal

6 Kabah

Segunda cidade Puuc mais importante *(p. 31)*, depois de Uxmal. O arco no seu lado oeste marca o início do *sacbé* *(p. 88)* que a ligava à sua aliada. Seu Codz Poop ("Palácio das Máscaras") é o exemplo mais extravagante de escultura maia: uma fachada coberta com 250 rostos do deus da chuva Chac. O Palácio e o Templo das Colunas são outros exemplos da arquitetura Puuc. ✎ *Mapa C4 • 8h-17h diariam • Entrada paga*

7 Sayil

De todas as cidades Puuc, Sayil é a que dá mais indícios da riqueza de seus antigos habitantes. O foco é o magnífico Palácio, luxuoso complexo em três níveis, com mais de 90 câmaras e um refinamento arquitetônico que lembra as construções da Grécia Antiga. Abrigava mais de 350 pessoas, entre senhores e servos, e tinha um suprimento exclusivo de água. ✎ *Mapa C4 • 8h-17h diariam • Entrada paga*

Kabah

Cabeça de serpente, Labná

8 Labná

A Arca de Labná (bem desenhada por Frederick Catherwood, *veja box*) exemplifica a sofisticada arquitetura Puuc. Nas proximidades, o Palácio da cidade é só um pouco menor que o de Sayil, e dividia-se em sete pátios – os da esquerda eram a casa dos senhores de Labná, os da direita (leste), a dos servos. O cenário é encantador, no meio de bosques cheios de pássaros. ✎ *Mapa C4 • 8h-17h diariam • Entrada paga*

9 Cavernas Loltún

Este vasto complexo de cavernas é um fenômeno natural e também um sítio maia antigo, ocupado por humanos há mais tempo do que qualquer outro local do Yucatán, da Pré-História até o século XIX. Os maias viveram aqui, mineraram cavernas e usaram-nas em rituais. Os passeios guiados percorrem 2km de cavernas, mas a rede é bem maior. As formações rochosas são incríveis, e um

Veja mais sobre ruínas maias nas **pp. 38-9**

Campeche

aspecto curioso de Loltún são as bruscas mudanças de temperatura, que vão de um calor sufocante a brisas geladas *(p. 53)*. *Mapa C4 • Passeios 8h- 11h e 14h-16h seg-sáb, 8h-11h dom • Entrada paga*

10 Campeche

É uma cidade colonial espanhola murada, que preserva seu charme antigo. Os fortes e bastiões do século XVII foram erguidos como defesa contra piratas. As ruas internas exibem inúmeras casas antigas em cores delicadas, com pátios e janelas de ferro trabalhado. Um museu, alojado num antigo forte espanhol, contém máscaras funerárias de jade e outras raras relíquias do sítio escavado de Calakmul *(pp. 34-5)*.

Stephens e Catherwood

A atenção do mundo voltou-se para a existência da antiga civilização maia graças ao viajante americano John Lloyd Stephens (1805-52) e ao artista inglês Frederick Catherwood (1799-1854). Em 1839-42, eles produziram as primeiras descrições e desenhos exaustivos de Chichén Itzá e de Uxmal, e são tidos como descobridores de Kabah e Sayil, entre outros sítios.

Um Dia nos Montes Puuc

Manhã

Saia de **Mérida** cedo num carro alugado. Depois do subúrbio de Umán, você pega a Rodovia 261, o trânsito melhora e você guia tranquilo por bosques e algumas vilas pacatas.

Pare em **Yaxcopoíl** *(p. 108)* e visite a hacienda, que dá um vislumbre da vida aristocrática no Yucatán no início do século XX. Depois de Muna, a estrada entra nos Montes Puuc, e depois desce até **Uxmal**. Fique pelo menos duas horas aqui, atento aos iguanas, assim como à arquitetura.

Para repor as energias, volte à rodovia e vá ao **Hacienda Uxma** *(p. 111)*, para uma sopa de lima no terraço.

Tarde

Vá direto até **Kabah** e encante-se com os monstros do Codz Poop. Mais ao sul, a "Rota Puuc" sai da rodovia principal 261 e segue por uma adorável estrada pelos bosques, com poucos turistas, e trailers, triciclos e pássaros como companhia. Há pontos de parada nos sítios Puuc de **Sayil, Xlapak** *(p. 39)* e **Labná**. No final da estrada, desça nas cavernas de **Loltún**, e depois faça uma parada no café daqui.

Siga até Oxcutzcab e vire à esquerda para **Ticul** *(p. 108)*. Saboreie a refeição num dos acolhedores restaurantes e passeie sem pressa pela histórica Plaza Mayor de Ticul antes de dirigir de volta a Mérida.

Veja mais sobre Dzibilchaltún, Kabah, Sayil e Labná no site www.inah.gob.mx

Chelem; Ticul; Mayapán

TOP 10 Outras Atrações

1 Chelem e Yucalpetén
A oeste de Progreso, do outro lado de uma laguna na faixa de areia da costa, estas vilas pacatas têm praias longas, quase desertas. Pratica-se muito windsurfe aqui. *Mapa C2*

2 Oxkintok
Esta antiga cidade maia possui um Satunsat, ou pirâmide "labiríntica", com um estranho labirinto escuro, talvez construído como entrada ao Mundo dos Mortos, que só o Senhor de Oxkintok podia usar. *Mapa B3 • www.inah.gob.mx • 8h-17h diariam • Entrada paga*

3 Fazenda Yaxcopoíl
Das fazendas restauradas do Yucatán, esta, com sua casa principal ornamentada e edifícios de trabalho degradados, é a que dá uma ideia melhor da vida daqui quando o *henequen* ou "ouro verde" *(p. 37)* dominava o estado. *Mapa C3 • www.yaxcopoil.com 8h-18h seg-sáb, 9h-13h dom • Entrada paga*

4 Cenotes
Os rios subterrâneos e os cenotes do oeste do Yucatán são bem menos explorados que os de Tulum *(pp. 18-9)*. Passeios para mergulho começam a ser organizados agora a partir de Mérida; a agência Yucatán Trails *(p. 124)* organiza excursões.

5 Xlapak
É o menor sítio Puuc, mas oferece um tranquilo passeio pelo bosque e pelas ruínas. O pequeno Palácio exibe esculturas Puuc *(p. 31)*. *Mapa C4 • www.inah.gob.mx • 8h-17h diariam • Entrada paga*

6 Ticul
Uma das cidadezinhas mais charmosas do Yucatán *(p. 41)* e uma boa base para explorar a região Puuc. É também um centro histórico para cerâmica. *Mapa C4*

7 Acanceh
Num dos lados da praça desta notável cidadezinha há uma igreja do século XVIII e, do outro lado, uma pirâmide maia muito antiga, talvez de 300 a.C. *(pp. 40-1)*. *Mapa C3*

8 Mayapán
Última grande cidade maia, que dominou o Yucatán por 200 anos depois de 1200. Seus edifícios às vezes "imitam" Chichén Itzá e têm afrescos bem preservados. *Mapa C3 • www.inah.gob.mx • 8h-17h diariam • Entrada paga*

9 Petenes de Campeche
Esta extensão de mangues e floresta abriga espécies como pumas e tartarugas. Podem-se agendar passeios em Campeche ou na vila de Isla Arena *(p. 49)*. *Mapa A4*

10 Edzná
Cidade maia tão espetacular quanto Chichén Itzá. O "Edifício dos Cinco Andares" é um dos maiores palácios maias *(p. 35)*. *Mapa B5 • www.inah.gob.mx • 8h-17h diariam • Entrada paga*

Mexicanísimo, Mérida; Guayaberas Jack, Mérida; Arte maia, Ticul

TOP 10 Compras

1 Mercado de Mérida
Um dos maiores do mundo, um labirinto de ruelas e bancas que vendem de tudo – peixe, frutas, mil tipos de pimentas, centenas de vestidos *huípil*, sandálias e chapéus. ✆ *Calle 65, entre Calle 54 e Calle 58 • Mapa C2*

2 Bazar de Artesanías, Mérida
Feira de artesanato semioficial, cheia de bancas com todo tipo de artesanato do Yucatán e do México, com peças excelentes e outras bem simples. ✆ *Calle 67, esquina Calle 56 • Mapa C2*

3 Casa de Artesanías, Mérida
A loja oficial de artesanato do Yucatán, com produtos locais de alta qualidade e peças úteis, especialmente tecidos, cestaria e madeira. ✆ *Calle 63, nº 503, entre Calle 64 e Calle 66 • Mapa C2*

4 Hamacas Aguacate, Mérida
Só redes, de todos os tamanhos e cores, de excelente qualidade. Os atendentes falam um pouco de inglês e procuram descobrir exatamente o que você deseja. ✆ *Calle 73, junto à Calle 58 • Mapa C2*

5 Botas y Sombreros El Charro Mexicano, Mérida
Pequena loja de chapéus em frente ao mercado. O dono é muito amável e mostra pilhas de panamás feitos à mão, de todos os estilos. ✆ *Calle 69, entre Calle 62 e Calle 64 • Mapa C2*

6 Maya Chuy, Mérida
Esta loja encantadora, longe das agitadas ruas de compras de Mérida, é de uma cooperativa de mulheres bordadeiras. Tem blusas, esteiras e outras peças artesanais. ✆ *Calle 18, 80 • Mapa C2*

7 Mexicanísimo, Mérida
Loja inovadora, que vende roupas leves para homens e para mulheres em desenhos originais e modernos, em algodão mexicano e outros materiais tradicionais. ✆ *Parque Hidalgo Calle 60, entre Calle 59 e Calle 61 • Mapa C2*

8 Guayaberas Jack, Mérida
A *guayabera* é uma jaqueta-camisa, o melhor para usar no clima tropical de Mérida. Esta loja tradicional vende apenas *guayaberas*, inclusive sob medida. ✆ *Calle 59, nº 507, entre Calle 60 e Calle 62 • Mapa C2*

9 Arte maia, Ticul
Ticul produz muita cerâmica. Esta loja, dirigida por uma família, destaca-se pela habilidade dos donos e pelo uso de técnicas tradicionais, algumas dos antigos maias. ✆ *Calle 23, nº 301 • Mapa C4*

10 Casa de Artesanías Tukulná, Campeche
Loja oficial de artesanato de Campeche, vende cerâmicas, bordados, cestaria e muitas outras peças de qualidade. ✆ *Calle 10, nº 333, entre Calle 59 e Calle 61 • Mapa A5*

Casa Vieja; La Parranda; Flamingos

TOP 10 Para Beber e Se Divertir

1 Pancho's, Mérida
Melhor bar-restaurante e clube dançante do centro de Mérida, decorado com tema de bandidos mexicanos. Atendimento simpático e pista de dança ao ar livre *(p. 61)*. ⊗ *Calle 59, nº 509, entre Calle 60 e Calle 62 • Mapa C2 • $$*

2 Dulcería y Sorbetería El Colón, Mérida
Grande variedade de sorvetes e sabores, na plaza de Mérida. Muitos vêm aqui saborear a *champola*, raspas de fruta gelada servidas em copo alto com leite. ⊗ *Calle 59, na plaza • Mapa C2 • $*

3 El Cielo Lounge Bar, Mérida
Lounge-bar com decoração minimalista, o El Cielo tem um lindo terraço e um extenso cardápio de drinques. ⊗ *Prolongación Paseo de Montejo com Calle 25 • Mapa C2 • $*

4 Café Crème, Mérida
Localizado no centro de Mérida, a dois quarteirões do Paseo Montejo, o Café Crème oferece lanches de inspiração francesa e sucos naturais. ⊗ *Calle 41, esquina com Calle 60, Centro • Mapa C2 • $$*

5 La Parranda, Mérida
Aos fins de semana, quando se colocam mesas fora, este restaurante é ideal para apreciar o movimento do Parque Hidalgo. Instale-se com um drinque e prove uma das ótimas *enchiladas* ou outro de seus clássicos mexicanos. ⊗ *Paseo de Montejo nº 454 X 13 • Mapa C2 • (999) 926 2429 • $$$*

6 Jugos California, Mérida
As bancas de sucos frescos são uma maravilhosa instituição local, e a California é a melhor da cidade. Tem sucos de melão, abacaxi e papaia, entre muitos outros. ⊗ *Calle 58, nº 505 Centro • Mapa C2 • $*

7 La Chaya, Mérida
Oásis de alta qualidade, com comida do Yucatán de preço razoável, junto a vizinhos mais caros. Os pratos vão de *salbutes* a *cochinita pibil*. ⊗ *Calle 62 y 57, local 2 • Mapa C2 • $$$*

8 Flamingos, Progreso
Um dos mais agradáveis bares-restaurantes com terraço de Progreso, serve saboroso ceviche *(p. 69)* e cerveja. ⊗ *Malecón, esquina Calle 22 • Mapa C2 • $$*

9 Casa Vieja de los Arcos, Campeche
Veja o pôr do sol do balcão deste restaurante-bar cubano na praça central de Campeche. Serve ótimos mojitos com rum cubano e hortelã. ⊗ *Calle 10, nº 319, Altos, na plaza • Mapa A5 • $$*

10 La Parroquia, Campeche
Servem-se iguarias tradicionais no café da manhã, no almoço e no jantar nesse restaurante com boa clientela e fama merecida. ⊗ *Calle 55, nº 8 • Mapa A5 • $$$*

Categorias de Preço

Refeição para uma pessoa, com três pratos, uma cerveja ou um refrigerante (ou refeição equivalente), impostos e serviço.

$	até $10
$$	$10-$15
$$$	$15-$25
$$$$	$25-$35
$$$$$	acima de $35

Hacienda Ochil; Los Almendros, Ticul

TOP 10 Restaurantes

1 Hacienda San José Cholul
Instalado numa fazenda colonial, tem como atração principal o jardim isolado. Serviço excelente. *Rodovia Tixkokob-Tekanto, km 30 • Mapa C2 • (999) 960 9033 • $$$$$*

2 Casa de Piedra, Xcanatún
Outro restaurante no jardim de uma fazenda, combinando cozinha local e caribenha com toques franceses *(pp. 70-1)*. *Xcanatún, 12km ao N de Mérida • Mapa C2 • (999) 941 0213 • $$$$$*

3 Amaro, Mérida
Restaurante tranquilo num dos adoráveis velhos pátios de Mérida, com cardápio meio vegetariano, e vários pratos destacando a verdura *chaya* do Yucatán. *Calle 59, nº 507 entre Calle 60 e Calle 62 • Mapa C2 • (999) 928 2451 • $$$*

4 El Marlin Azul, Mérida
Ceviche é a melhor pedida neste local de frutos do mar, ou então as *fajitas* de camarão. Vá no almoço (fecha às 16h) *(p. 70)*. *Calle 62 nº 488, entre Calle 57 e Calle 59 • Mapa C2 • (999) 928 1606 • $$$*

5 El Principe Tutul-Xiu, Maní
Fica sob um teto de palha (palapa) e é mais agitado aos domingos, quando as famílias vêm de Mérida comer *poc-chuc*, *panuchos* e outras delícias do Yucatán. *Calle 26 nº 208, entre Calle 25 e Calle 27 • Mapa C4 • (999) 929 7721• $$$*

6 La Palapa, Celestún
Primeira escolha em Celestún, junto à praia, sob um teto de palha seca, com travessas de peixe, camarão e polvo, e muito coentro. *Calle 12, esquina com Calle 11 • Mapa A3 • (988) 916 2063 • $$$*

7 Hacienda Ochil
Numa fazenda restaurada, serve pratos tradicionais do Yucatán bem preparados, num terraço delicioso. *Junto à rodovia 261, sinalizado a cerca de 40km de Mérida • Mapa C3 • (999) 924 7465 • $$$*

8 Hacienda Uxmal, Uxmal
Localizado em frente às ruínas de Uxmal, tem um jardim tropical, peças de arte étnica e boa cozinha internacional e local. *Antigua Carretera Mérida-Campeche km 78 • Mapa C4 • $$$$$*

9 Los Almendros, Mérida
Este restaurante é tido como reinventor da comida tradicional do Yucatán para o mundo exterior. Prove o *pavo en relleno negro*, uma ótima pedida *(p. 71)*. *Parque de la Mejorada, Centro Historico • Mapa C2 • (999) 923 8135 • $$$$*

10 Marganzo, Campeche
Restaurante popular, animado e agradável, excelente para provar a comida de frutos do mar típica do Campeche *(p. 71)*. *Calle 8, nº 267, entre Calle 57 e Calle 59 • Mapa A5 • (981) 811 3898 • Não aceita cartões • $$$*

A menos que especificado, os restaurantes servem pratos vegetarianos; telefone incluído apenas quando cabível

DICAS DE VIAGEM

Espiral e repelente de insetos; Reserva de Sian Ka'an

TOP 10 Planejamento

1 Quando Ir

O Yucatán tem clima tropical, com uma estação seca que fica cada vez mais quente de novembro a junho, e uma estação de chuvas de junho a novembro. Podem ocorrer furacões entre setembro e novembro. O auge da temporada de férias (e dos preços) é de meados de dezembro a março, e em julho/agosto. Os preços caem em maio e junho, e em outubro e novembro.

2 Passaportes e Vistos

O turista brasileiro precisa apenas de passaporte válido e de uma autorização eletrônica, emitida pelo site www.inm.gob.mx, para entrar no México, desde que voando por uma das companhias aéreas conveniadas. Verifique antes. Por terra ou por mar, o visto ainda é necessário; deve-se agendar uma entrevista. Mais informações em http://portal.sre.gob.mx/brasil.

3 Moeda

No Yucatán são aceitos pesos mexicanos e dólares americanos. Os bancos do México aceitam de bom grado trocar dólares americanos, mas o câmbio de outras moedas pode sair caro e difícil. O melhor é levar cartão de crédito e dólares em dinheiro vivo ou traveler's cheques *(p. 118)*.

4 Alfândega

Há poucas restrições sobre os itens que os visitantes podem trazer para uso pessoal, como até doze rolos de filme ou fitas de vídeo. Há restrições para importação de plantas e bens perecíveis, e outras bem severas sobre armas de fogo, que podem ser confiscadas sem qualquer indenização.

5 Seguros

Faça um seguro de viagem abrangente que cubra cancelamentos de voos, perda de bagagem, furto e eventualidades médicas, inclusive repatriamento. Se for mergulhar, providencie cobertura adicional.

6 O Que Levar

Faz muito calor no Yucatán, mas é útil levar uma camisa de manga comprida e calças, para evitar queimaduras de sol, arranhões e picadas de insetos quando for explorar as ruínas maias e as florestas. Outro equipamento mais barato e mais fácil de obter fora do México é o snorkel. Mas compre os excelentes chapéus daqui.

7 Precauções de Saúde

Não há vacinas obrigatórias para quem vem ao México, mas como precaução é aconselhável estar imunizado contra tifo, tétano, pólio e hepatite A. Se for para áreas de floresta mais ao sul, na América Central, consulte seu médico a respeito de pílulas contra a malária. Um kit básico de primeiros socorros deve incluir pomada contra picadas, antisséptico e remédios para intestino.

8 Repelente de Insetos

Repelente de insetos é obrigatório em qualquer lugar perto de florestas e mangues, e você terá maior escolha se comprar antes de vir. Os melhores tipos contêm o ingrediente comum DEET. Há alternativas mais naturais com cheiro melhor, mas não tão eficientes.

9 Eletricidade

A voltagem no México é de 110 volts, como na maior parte do Brasil, mas com tomadas de pino chato. Se trouxer equipamentos para 220-240 volts, inclua na bagagem transformador e adaptador de tomadas.

10 Interesses Especiais

Se pretende mergulhar com cilindro, visitar cavernas, passear na reserva Sian Ka'an e fazer viagens de aventura, agende antes pela internet. Muitas operadoras são pequenas e costumam lotar logo, especialmente no auge da estação.

Nas páginas anteriores, **La Madonna, Cancún** *(p. 82)*

Avião da Aeroméxico; Aeroporto de Cancún; Placa para o aeroporto

TOP 10 Como Chegar ao Yucatán

1 Aeroportos Internacionais

O principal aeroporto internacional para a península fica 15km ao sul de Ciudad Cancún, perto do ponto mais meridional da ilha. Cozumel e Mérida também têm conexões internacionais. Há muitos voos do Brasil, com uma ou duas escalas. Para quem viaja com companhias aéreas norte-americanas, é comum uma escala em algum aeroporto dos EUA.

2 Voos Domésticos da Cidade do México

Há muitos voos da Cidade do México até Cancún e o Yucatán, em geral da Aeroméxico e da Volaris.

3 Cartão de Turista

Todos os visitantes têm que preencher um Cartão Mexicano de Turista, carimbado com a duração da sua estadia – de 30 dias a seis meses. Guarde-o junto com o passaporte, pois será recolhido no check-in quando você sair. Se precisar de mais de 30 dias, explique ao oficial da Imigração ou solicite uma extensão no Escritório Mexicano de Imigração em Cancún.

4 Controles de Alfândega

Você deve também preencher um formulário da alfândega. Se for passar na fila do "nada a declarar", terá de apertar um botão em uma máquina. Ele acende aleatoriamente uma luz verde (siga em frente) ou vermelha (pare para que sua mala seja revistada).

5 Trocar Dinheiro no Aeroporto

Há guichês de câmbio na sala de bagagens, mas as taxas costumam ser ruins. Troque só o mínimo para chegar a Cancún, e então procure um banco.

6 Do Aeroporto até Cancún

Vans chamadas *colectivos* são o meio de transporte mais acessível até a cidade. Elas passam pela Área dos Hotéis e vão até Ciudad Cancún, deixando os passageiros nos respectivos hotéis. A viagem inteira leva uma hora. Táxis são raros no aeroporto, mas quando você estiver partindo de Cancún deve encontrá-los em grande número *(p. 116)*.

7 Do Aeroporto a Outros Resorts do Litoral Leste

A cada hora partem ônibus para a Riviera, Puerto Morelos e Playa del Carmen, das 10h30 às 19h. Há *colectivos* de hora em hora das 6h às 18h, que saem da ala de chegadas domésticas. Um táxi do aeroporto até Puerto Morelos ou Playa sai por $40 e $60, respectivamente. Se for para qualquer outro lugar do litoral, pegue o ônibus para Playa e siga em diante dali.

8 Aeroporto de Cozumel

Fica logo ao norte de San Miguel. Há *colectivos* e táxis oficiais do aeroporto.

9 Aeroporto de Mérida

Fica cerca de 4km a sudoeste do centro da cidade. Também há *colectivos* e táxis do aeroporto à disposição.

10 Vindo de Carro dos EUA

Você precisará de um Cartão de Turista para ir além dos 20km da zona de fronteira e para ficar mais de 72 horas, além de seguro mexicano e de autorização de importação temporária do seu veículo, válida por seis meses. São mais ou menos cinco dias de carro da fronteira do Texas até o Yucatán.

Agenda

Imigração
Aeroporto de Cancún
- *(998) 848 7200*
- *24 horas seg-sex*

Empresas Aéreas
- *Aeroméxico: 0800-7-716-535*
- *American Airlines: (11) 4502-4000 (São Paulo)*
- *TAM: (11) 3274-1313 (São Paulo)*

Linhas Domésticas
- *Aeroméxico www.aeromexico.com*
- *Volaris, www.volaris.mx/en/*

Táxi; Ônibus de Cancún; Barco de passageiros

TOP 10 Como Circular

1 Voos Domésticos

As duas principais companhias aéreas para voos domésticos são a Aeroméxico e a Volaris. Passagens mais baratas podem ser encontradas na Volaris (www.volaris.com.mx), na Vivaaerobus (www.vivaaerobus.com), na Magnicharters (www.magnicharters.com.mx) e na Interjet (www.interjet.com.mx).

2 Ônibus de Longa Distância

O ônibus é o principal meio de transporte para viagens longas, a não ser que você alugue um carro ou vá de avião. Os de primeira classe têm ar-condicionado e ligam cidades grandes, parando pouco no caminho. Os outros fazem mais paradas, mas oferecem preços melhores.

3 Ônibus, Combis e Colectivos

Toda cidade tem serviço local de ônibus. Os destinos são exibidos no para-brisa, mas em Cancún os ônibus se identificam por números (R-1 e R-2 levam à Área dos Hotéis e a Ciudad Cancún). *Combis*, ou *colectivos*, são micro-ônibus para bairros menores.

4 Barcos para Isla Mujeres

Barcos de passageiros partem de Puerto Juárez, norte de Cancún, a cada meia hora. Os barcos rápidos levam 20 minutos, e a tarifa fica em torno de $18. Há cinco balsas de carros por dia em Punta Sam, norte de Puerto Juárez. Também partem barcos de alguns pontos da praia de Cancún.

5 Barcos para Cozumel

A cada duas horas há barcos de passageiros entre Playa del Carmen (984 871 5109, e em Calica 984 879 3113) e Cozumel. A viagem dura meia hora. Sai um Cozumel Shuttle de Playa Tortugas ou do Muelle Fiscal em Cancún. A balsa de carros que parte de Puerto Morelos é cara e pouco frequente.

6 Táxis

Os táxis mexicanos não têm taxímetro, e operam com tarifas fixas para cada destino (com adicionais para viagens mais longas), que são afixadas em terminais de ônibus e em alguns pontos de táxi. Em Cancún, as tarifas são bem mais altas nas corridas de ou para a Área dos Hotéis do que em Ciudad Cancún. Em Cancún e no litoral, combine a tarifa antes de embarcar *(p. 120)*.

7 Locação de Carro

O carro é muito prático para ir a ruínas maias e a praias isoladas. Há inúmeras locadoras na Riviera, mas se for ficar pelo Yucatán é melhor alugar em Mérida, onde as tarifas são mais baixas *(p. 123)*. É preciso ser maior de 21 anos e ter habilitação, passaporte e cartão de crédito. Muita gente prefere alugar jipe.

8 Combustível e Pedágio

Os preços em geral são mais altos que os dos EUA e mais baixos que os da Europa, tanto para gasolina sem chumbo *(magna* ou premium) como para diesel. Há poucos postos em certas áreas *(p. 120)*. Existem duas rodovias rápidas com pedágio no Yucatán, a 180-Cuota, trecho do trajeto entre Cancún e Mérida, e outra entre Campeche e Champotón. O pedágio é caro ($25, Cancún-Mérida), por isso muitos preferem a velha estrada (180-Libre).

9 Motos, Carros de Golfe e Bicicletas

Muitos resorts alugam motos leves e carros de golfe. Cancún tem ciclovias por toda a Área dos Hotéis, e vários destes oferecem bicicletas para uso dos hóspedes. Isla Mujeres é ideal para andar de bike, assim como Tulum e Valladolid.

10 A Pé

Cidades antigas do Yucatán, como Mérida, Campeche e Valladolid, são compactas, e andar a pé é o melhor jeito de conhecê-las. Transporte mecanizado só se mostra vital em Cancún.

Ecoparque Xcaret; Agência local; Mapas e livretos

TOP 10 Outras Informações

1 Escritórios de Turismo do México no Exterior
Os escritórios de turismo oficiais do México dão informações sobre os principais destinos. No entanto, para mais detalhes sobre atividades especializadas, pousadas, ecoturismo e passeios de aventura, procure as agências do ramo e os sites relacionados.

2 Escritórios de Turismo na Riviera
Os escritórios de turismo na prefeitura de Cancún e em alguns shoppings podem dar informações sobre as principais atrações e serviços.

3 No Yucatán e em Campeche
Mérida, Campeche e Valladolid têm também escritórios de turismo.

4 Sites
Há muita informação disponível na internet *(veja Agenda,* ao lado). Para mergulho, por exemplo, procure por "mergulho, México".

5 Revistas Gratuitas
Entre os livretos gratuitos distribuídos em escritórios de turismo, hotéis e restaurantes estão o *Cancún Tips,* o *Blue Guide* (Cozumel), o *Yucatán Today* (Mérida) e o *Playa del Carmen*. Eles contêm mapas, informações úteis e às vezes trazem também cupons de descontos.

6 Jornais em Inglês
O *Miami Herald* publica uma edição especial para Cancún. *The News* é um jornal em inglês produzido pelo *Novedades*, um jornal da Cidade do México.

7 Agências de Viagem Locais
Elas podem ser úteis para passeios não usuais, mergulho e trilhas pela floresta. As melhores são a Mayan Heritage, e a Yucatán Trails, em Mérida. Cibercafés *(p. 118)* são outra boa fonte para obter
informações locais.

8 Mapas
As revistas gratuitas têm mapas razoáveis de suas áreas. Você acha excelentes mapas na Librería-Papelería Burrel, em Mérida.

9 Ecoturismo
Passeios turísticos em geral são oferecidos por operadoras pequenas, às vezes difíceis de localizar. Um bom recurso é o site Yucatan Wildlife. O site da organização Pronatura também fornece informações úteis *(p. 124)*.

10 Jornais em Espanhol
O *Diario de Yucatán* (jornal diário) é a melhor fonte sobre festas e outros eventos da região. Festas de cidades em geral ganham anúncios de página inteira.

Agenda

Escritório Mexicano de Turismo
- *São Paulo: (11) 3088-2129; www.visitmexico.com*

Escritório de Turismo no Yucatán
- *Cancún: Cancún Town Hall, Av Tulum*
- *Playa del Carmen: Av Juárez, esquina Av 15*
- *Isla Mujeres: Av Rueda Medina 130*
- *Mérida:Calle 62, Centro, Palacio Municipal*
- *Campeche: Casa Seis, Parque Principal*
- *Valladolid: na praça principal*

Sites
- *www.cancun.com*
- *www.rivieramaya.com*
- *www.islacozumel.com.mx*
- *www.mexonline.com*
- *www.yucatanwildlife.com/travel/tours*
- *www.pronatura.org.mx*

Agências locais
- *Mayan Heritage, Calle 62, nº 471/ 55 e 57, Mérida, (999) 924 9267, www.mayanheritage.com.mx*
- *Yucatán Trails, Calle 62, nº 482, Mérida (999) 928 2582*

Mapas
- *Librería-Papelería Burrel, Calle 59 junto à Calle 60, Mérida*

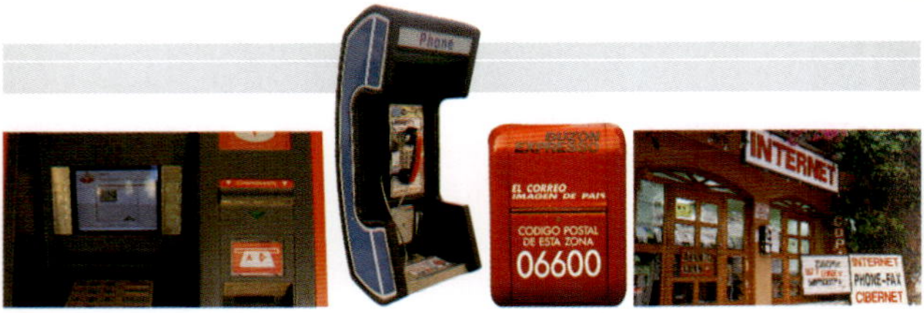

Caixa automático; Telefone público; Caixa de correio; Cibercafé

TOP 10 Bancos e Comunicações

1 O Peso

A moeda do México é o peso. Há notas de 20, 50, 100, 200, 500 e 1000 pesos; e moedas de 1, 2, 5 e 10 pesos, além de 50 centavos. O símbolo usado para o peso é o mesmo do dólar; por isso, os preços cotados em dólares americanos em geral têm o prefixo US$ ou o sufixo USD.

2 Como e Onde Usar Dólares

Muitos negócios da Riviera aceitam dólares americanos além de pesos, e muitos visitantes usam apenas esta moeda. As categorias de preços de hotéis e restaurantes deste guia são expressas em dólares. Note, porém, que os valores em dólares costumam ser um pouco mais altos que os em pesos. Em geral, no resto do Yucatán aceitam-se apenas pesos.

3 Bancos e Caixas Eletrônicos

Há agências de banco no centro das principais cidades, mas pode ser difícil encontrá-las no interior. Os bancos abrem das 8h30 às 16h de segunda a sexta, e das 9h às 13h aos sábados, mas muitos não trocam dinheiro à tarde ou aos sábados. A maioria das agências, mesmo no interior, tem caixas eletrônicos *(p. 120, nº 7)*.

4 Casas de Câmbio

As áreas turísticas têm pequenas casas de câmbio *(cambios)*, que abrem todos os dias. As taxas são em geral quase tão boas quanto as dos bancos.

5 Cartões de Crédito

MasterCard e VISA são bem-aceitos em compras a partir de certo valor, em lojas, cursos de mergulho e hotéis de nível médio para cima; o Amex é menos comum. Para alugar um carro, exige-se cartão de crédito. Certas lojas e restaurantes menores não aceitam cartões.

6 Telefones

Telefones públicos *lada* (longa distância) são comuns em cidades e áreas turísticas. A maioria funciona por cartão *(tarjeta de teléfonos)*, que você compra por 30, 50 ou 100 pesos nas lojas que exibem a placa azul e amarela da Ladatel. Cidades menores têm sempre uma *caseta*, ou posto telefônico, onde a atendente disca o número e você faz a ligação numa cabina. Informe-se com sua operadora de celular se seu aparelho funciona no país.

7 Códigos

Para ligar para algum lugar do México fora da sua área local, primeiro digite 01, depois o código de área (998 para Cancún, 997 para Playa del Carmen ou 999 para Mérida) e por fim o número. Dentro do mesmo código de área, digite só o número de sete dígitos. Para o Brasil, digite 00 e depois 55, o código do país. Para ligar do exterior para o México, o código é 52. Para todas as ligações para celulares, primeiro digite 044.

8 Tarifas

Telefone é caro no México. Ligações internacionais para o exterior do seu quarto de hotel têm as tarifas mais caras – peça às pessoas que liguem para você do exterior se possível.

9 Correios

As agências dos correios abrem entre 9h e 18h de seg a sex, e entre 9h e 13h aos sábados. Em cidades pequenas podem funcionar apenas nos dias de semana, de manhã. Os selos *(estampillas)* são vendidos em qualquer estabelecimento que tenha a placa Expendio de Estampillas. O correio do México é muito irregular, e os postais podem levar semanas para chegar. Se for urgente, use o serviço de courier Mexpost, disponível nas grandes agências.

10 Internet

O México aderiu com entusiasmo à internet, e há muitos cibercafés, mesmo em cidades pequenas. A maioria cobra entre $1-$2 dólares a hora. O e-mail é um meio de comunicação mais confiável que o correio local.

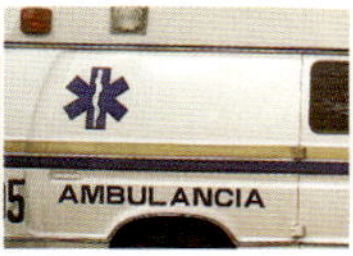

Posto policial; Ambulância; Placa de farmácia

Top 10 Segurança e Saúde

1 Emergências

Existem telefones para todos os serviços de emergências em Cancún (060) e Mérida (066), mas em geral é melhor chamar direto a polícia, ou a Cruz Vermelha, em caso de emergências médicas. Em Cancún, as clínicas particulares também têm ambulâncias.

2 Segurança ao Nadar

Em geral as águas do Yucatán são calmas, mas recomenda-se ter cuidado nas praias do leste de Isla Mujeres e Cozumel, e nas praias de surfe da ilha de Cancún, onde o mar é agitado e pode haver forte correnteza. Antes de entrar no mar, cheque as bandeiras (azul, seguro; amarelo, tenha cuidado; vermelho, não nade). Há instalações de emergência de alto nível para mergulhadores ao longo da Riviera, e os mestres de mergulho sabem onde ficam.

3 Segurança Pessoal

O Yucatán é um lugar tranquilo, mas podem ocorrer furtos em Playa del Carmen. As *cabañas* mais baratas na praia norte de Tulum às vezes são invadidas à noite.

4 Pedintes

Existe certo assédio nas ruas de Cancún, de Playa e de Mérida, mas em geral são pessoas que tentam vender redes ou peças de artesanato baratas, mais do que pedintes.

5 Postos Policiais

Na maioria das cidades, o posto policial fica sempre na praça central ou perto da Prefeitura. Cancún, Playa, Mérida e algumas outras cidades têm unidades especiais de Polícia Turística.

6 Consulados

A embaixada e o consulado geral do Brasil ficam na Cidade do México, mas o país tem também consulados honorários em Guadalajara e em Monterrey.

7 Mulheres que Viajam Sozinhas

Mulheres sozinhas devem ter cuidado em Playa del Carmen e em algumas partes de Cancún e de Tulum. Evite ruas vazias à noite, praias desertas em Playa del Carmen, e áreas obscuras em alguns sítios maias.

8 Serviços de Saúde

Visitantes com seguro-saúde de viagem devem recorrer a clínicas particulares, como a AmeriMed, em Cancún, ou o Centro Médico de las Américas, em Mérida. Em cidades pequenas e em áreas do interior há pequenos postos de saúde públicos *(centros de salud)* com instalações para atender a emergências.

9 Farmácias

Toda cidade mexicana tem uma farmácia, em geral 24 horas, com bom estoque.

10 Água

A qualidade da água encanada melhorou muito, especialmente em Cancún. Mas para garantir, tome apenas água engarrafada *(agua purificada)*, à venda em supermercados e farmácias. Muitos hotéis a fornecem de graça, e a maioria dos bares e restaurantes a utiliza para fazer cubos de gelo.

Agenda

Emergência
• Polícia Turística de Cancún 066 • Polícia Turística de Mérida 066 ou (999) 983 1184

Ambulâncias da Cruz Vermelha
• Cancún 065 ou (998) 884 1616 • Mérida (999) 924 9813

Clínicas Médicas
• AmeriMed, Plaza las Americas Av Bonampak, Cancún, (998) 881 3400
• Centro Médico de las Américas, C/54 nº 365, próximo ao Paseo Montejo, Mérida, (999) 926 2111

Consulados
• Embaixada do Brasil na Cidade do México: Lope de Armendáriz, 130, Colonia Lomas Virreyes, (55) 5201-4531

Táxi; Centro de Informação Turística; Mangues

TOP 10 A Evitar

1 Golpes de Taxistas

Os táxis oficialmente cobram tarifas fixas (*p. 116*). Em Cancún, Playa del Carmen e Tulum, no entanto, os taxistas têm fama de tentar cobrar a mais de estrangeiros. Em Cancún, também, um complicado sistema oficial, com preços diferentes para a Área dos Hotéis e para Ciudad Cancún, facilita os pequenos golpes. Sempre combine o preço antes de entrar no táxi, e seja firme na recusa a exigências indevidas.

2 Topes – Lombadas

Uma peculiaridade do trânsito no México são os *topes*, as lombadas para diminuição de velocidade, colocadas com o intuito de tornar as ruas mais seguras a pedestres e a crianças. Muito altas, elas em geral são sinalizadas, mas podem pegar motoristas desprevenidos e causar danos a veículos que estejam rodando um pouco mais rápido.

3 Ficar com Pouco Combustível

Há poucos postos na maior das áreas rurais, por isso abasteça sempre que possível.

4 Golpes em Postos de Combustível

Às vezes, os frentistas começam a abastecer já com 30 ou 50 pesos no marcador, ou tentam dar troco a menos aos turistas. Evite esses pequenos golpes saindo do carro e verificando o marcador da bomba, para ver se parte do zero.

5 Dirigir à Noite

Anoitece rápido nos trópicos, e nas áreas rurais não há qualquer tipo de iluminação. Esteja atento a *topes*, a buracos e a ciclistas.

6 Quiosques de "Informações"

Na Avenida Tulum em Cancún, na Quinta Avenida em Playa del Carmen e em alguns outros lugares, há quiosques onde os turistas são assediados por pessoas dispostas a ajudá-los com "informações". Na verdade, elas estão tentando vender passeios e intermediar negócios. Para orientação menos tendenciosa, procure os escritórios de turismo oficiais *(p. 117)*.

7 Ficar com Pouco Dinheiro Vivo

Ainda não há bancos ou caixas eletrônicos no sul da Riviera, entre Playa del Carmen e Tulum, e são poucas as casas de *cambio*, por isso planeje-se. Em Isla Mujeres e em Cozumel, não há como trocar dinheiro fora dos centros das cidades, a não ser nos grandes hotéis.

8 Multidões

As ruínas maias mais famosas, como Chichén Itzá e Tulum, ficam muito cheias de gente no meio do dia, quando chega a maioria dos grupos, e especialmente aos domingos, quando a entrada é gratuita. Assim, tente chegar bem cedo, depois das 8h, e esqueça os domingos grátis. As ruínas menos famosas do Yucatán e de Campeche raramente ficam lotadas.

9 Furacões

De setembro a novembro, aumenta a probabilidade de ocorrer furacões. O México está preparado para isso, e muitos edifícios em Cancún e na Riviera têm placas cor laranja que os identificam como Refugios Anticiclón, usados como um abrigo público em caso de furacões.

10 Mosquitos nos Mangues

Os mangues são um local de reprodução de mosquitos. Eles ficam mais ativos no início da noite, quando se alastram pelas áreas vizinhas – especialmente nos arredores de Sian Ka'an, em Isla Holbox, e nas áreas alagadas e nos cenotes junto à costa, perto de Puerto Morelos, de Tankah e de alguns outros pontos da Riviera. Repelentes de insetos podem oferecer boa proteção, mas o melhor é evitar essas regiões ao anoitecer. A boa notícia é que os mosquitos do Yucatán não transmitem malária.

Placas de banheiros para portadores de deficiência; Transporte do aeroporto; Rampa

TOP 10 Portadores de Deficiência

1 Hotéis

Alguns hotéis e resorts maiores de Cancún e de Cozumel, como os da Intercontinental, têm instalações próprias para cadeirantes. Nos hotéis em edifícios coloniais o acesso é mais difícil, mas muitos oferecem bons quartos no térreo. Verifique ao agendar.

2 Calçadas

Em Cancún, a maioria das calçadas agora possui rampas para cadeiras de rodas nos cruzamentos. Em outros locais, guias rebaixadas feitas para carrinhos de mão cumprem esse papel.

3 Transporte e Táxis

A provisão de transporte público adaptado a portadores de deficiência é pequena, mas o aeroporto de Cancún tem banheiros e rampas para cadeirantes. Os ônibus raramente têm instalações especiais, mas a boa vontade dos motoristas em ajudar compensa. Muitas locadoras de carros têm veículos maiores: deixe claro suas necessidades ao agendar.

4 Museus e Atrações

Os principais museus do estado, como o Museu de Antropologia de Mérida, oferecem rampas de acesso, e os outros as estão providenciando (os museus em fortalezas de Campeche já têm de qualquer modo acesso por rampas). Das demais atrações do Yucatán, os ecoparques, como Xcaret *(pp. 14-5)*, são os mais fáceis de visitar.

5 Sítios Maias

Grandes ruínas maias como Chichén Itzá e Uxmal têm caminhos lisos, e a longa trilha pela floresta de Cobá é relativamente fácil de percorrer e também ótima para observar aves. Mas a maioria das ruínas possui muitos degraus e caminhos estreitos e pedregosos.

6 Balsas para as Ilhas

Embarca-se de cadeira de rodas mais facilmente nas balsas lentas para Isla Mujeres do que nos barcos rápidos fechados, e as tripulações são muito solícitas. Para Cozumel não há opções além dos barcos fechados de Playa del Carmen, mas as tripulações, de novo, ajudam.

7 Piscinas

Hotéis e piscinas públicas são agora obrigados a oferecer acesso e instalações seguras para portadores de deficiência, mas essas melhorias são um processo lento.

8 Mergulho

A Yucatek Divers em Playa del Carmen tem um programa especial para mergulhadores portadores de deficiências e pode também arranjar acomodações no hotel Casa Tucán *(p. 130)*.

9 Banheiros

Aos poucos vêm sendo instalados banheiros equipados para portadores de deficiência nos prédios públicos (aeroportos, museus, alguns terminais de ônibus), mas em locais privados ainda são raros. Os melhores encontram-se em Cancún e nas áreas dos balneários.

10 Informações Adicionais

O melhor jeito de achar hotéis adequados é procurar na internet por "portadores de deficiência" e depois por "Cancún", "Mérida" ou qualquer outro local que você tenha intenção de visitar. Outros sites específicos também fornecem informações úteis.

Agenda

Intercontinental Hotels
www.presidentecancun.com

Yucatek Divers
Av 15 North, entre C/2 e 4, Playa del Carmen • (984) 803 2836 • www.yucatek-divers.com

Mobility International USA
www.miusa.org

Access-Able
www.access-able.com

Redes à venda; Cerâmica ornamental em cores vivas; Chapéus panamá

TOP 10 Compras

1 Horários de Lojas e Mercados

A maioria das lojas abre das 8h30 às 21h, de segunda a sábado. As mais tradicionais fecham para almoço entre 13h e 15h. Algumas lojas ficam abertas também no domingo, um dia de compras normal em Valladolid e em algumas outras cidades. Em geral, os mercados abrem bem cedo, antes das 8h, e fecham às 14h ou às 15h.

2 Pechinchas e Descontos

Pechinchar é normal em mercados, especialmente em compras mais caras, mas não seja intenso ou insistente demais. Muitas lojas oferecem descontos para quem leva mais de um item.

3 Lojas Oficiais de Artesanato

Mérida e Campeche têm lojas de artesanato oficiais (as Casas de Artesanías), com todos os artigos tradicionais de cada estado. São um pouco mais caras, mas oferecem uma atraente visão geral do trabalho.

4 Presentes e Suvenires

A Riviera é um grande repositório de suvenires: você encontra shoppings inteiros especializados no ramo em Cancún e em Playa del Carmen. A qualidade varia de peças muito bem trabalhadas a tralhas, por isso procure sem pressa. Entre os itens mais vendidos estão placas esmaltadas, enfeites, estatuetas em estilo maia, papagaios e tucanos coloridos de madeira, e barquinhos.

5 Joias

Joalherias reluzentes voltadas para passageiros de cruzeiros, entre elas grandes nomes (como Van Cleef & Arpels), são uma especialidade em Cozumel e, em grau menor, em Isla Mujeres e em Cancún. Além de muita prataria fina, há peças feitas em materiais locais, como jade, âmbar, coral e obsidiana preta. Os preços estão subindo, mas ainda são livres de impostos e razoáveis. Playa del Carmen e Cancún têm várias lojas de prataria fina de Taxco, México Central.

6 Charutos

Havanas genuínos são fáceis de encontrar no México, e baratos. Os shoppings de Cancún têm lojas de charutos especializadas, com todas as grandes marcas.

7 Tequila e Outras Bebidas

Infelizmente, a tequila é peculiarmente cara hoje em sua terra natal. Aproveite o freeshop do aeroporto de Cancún, onde há boa variedade. Entre as especialidades locais do Yucatán, mais baratas, há vários ótimos runs, além da *Xtabentún*, tradicional bebida maia doce, com ervas, feita à base de mel.

8 Tecidos

Os finos bordados com padrões de flores sobre fundo branco são um dos produtos mais típicos do Yucatán, bem frequentes nos vestidos *huípil* das mulheres maias, mas aplicados também em outras peças, como blusas, lenços e toalhas de mesa. Valladolid e Mérida são os melhores lugares para comprá-los. Também vendem-se tecidos de outras partes do México (tecelagem de Chiapas, cobertores *sarape*), mas note que os *sarapes*, em especial, muitas vezes são industrializados.

9 Redes

As redes variam muito em qualidade. As de náilon, baratas, vendidas na rua, ficam gastas logo. As mais resistentes são 100% algodão, e as lojas especializadas perto do mercado de Mérida representam de longe o melhor lugar para comprá-las.

10 Chapéus Panamá

Os panamás oferecem ótima proteção contra o sol, e os melhores recuperam a forma mesmo depois de guardados na mala. Compre-os no mercado de Mérida e nas lojas próximas especializadas em chapéus.

Produtos expostos no mercado; Placa promovendo ecoturismo

TOP 10 Opções Econômicas

1 Sistema Público de Ônibus

Uma alternativa mais barata aos táxis para circular em Cancún é o sistema público de ônibus. A melhor maneira de ir da Área dos Hotéis para outras regiões da cidade é com o ônibus diário, que custa cerca de 1 dólar por pessoa e percorre várias rotas diferentes. O serviço Bus One oferece veículos com ar-condicionado e é um pouco mais caro. Para viajar para fora da cidade, a destinos como Playa del Carmen, Tulum ou Mérida, embarque em qualquer ônibus na Avenida Tulum.

2 Alugue carro em Mérida

As locadoras menores de Mérida têm o melhor preço do Yucatán – 25% mais barato do que em Cancún –, principalmente para locações por uma semana ou mais. Além disso, as agências locais costumam cuidar melhor dos seus carros.

3 Aproveite a Baixa Estação

Preços de hotéis sobem na alta estação, perto do Natal e do Ano-Novo, e entre meados de dezembro e começo de janeiro. A melhor combinação de preços e clima agradável é em maio e junho ou do fim de novembro ao começo de dezembro.

4 Use Pesos, Não Dólares

Pode ser prático pagar em dólares, mas você economizará se utilizar apenas pesos em suas despesas.

5 Cupons de Descontos

As revistas gratuitas locais *(p. 117)* contêm cupons que dão desconto em hotéis, restaurantes, bares e outras atrações, e você talvez ganhe talões com cupons de desconto para drinques, refeições ou ingressos em parques. Pode ser um incômodo andar com eles, mas permitem economizar bastante, em Cancún especialmente.

6 Domingos Grátis nas Ruínas Maias

A entrada em alguns monumentos nacionais, incluindo algumas ruínas maias, é gratuita aos domingos para cidadãos mexicanos. O problema é que todos sabem disso e as ruínas mais populares ficam lotadas demais – melhor pagar e ir num dia de semana.

7 Comer em Mercados e em Barracas

Há sempre restaurantes básicos nos mercados, de comida tradicional do Yucatán e do México. São lugares mais baratos e típicos para se fazer uma refeição. Existem muitas barracas de tacos, tortas e frutas, com boa relação custo-benefício.

8 Divida os Custos nos Passeios

Passeios de barco para ver flamingos em locais como Río Lagartos e Celestún, passeios de pesca e excursões a reservas naturais como Sian Ka'an costumam ser caros se você for sozinho ou a dois; pode ainda haver um número mínimo de pessoas para tornar o trajeto viável ao guia ou à operadora. Reduza o custo e evite decepções reunindo um grupo de quatro a seis pessoas para dividir o barco.

9 Mergulho: Descontos

A maioria das operadoras de mergulho oferece descontos para quem mergulha em grupo ou agenda vários passeios. Muitas operadoras também dão desconto a quem se programa com boa antecedência.

10 Segundo Drinque de Graça

A maioria dos bares da Riviera oferece o segundo drinque de graça, para cerveja e outras bebidas, pelos menos algumas horas por noite.

Agenda

Public Bus System
www.cancun.travel/en

Locadoras de Mérida
• *Calle 56A, Centro, (999) 925 2525, www.avis.com.mx*
• *Alamo Aeropuerto, Rodovia Mérida-Uman, km 14,5, (888) 826 6893, www.alamo.com.mx*

Visitantes nas ruínas maias; Mergulho de snorkel; Loja de mergulho

TOP 10 Passeios e Interesses Especiais

1 Passeios em Ruínas Maias

Muitas empresas na Riviera e em Mérida fazem passeios guiados aos sítios maias por intermédio de hotéis e agentes de viagem. Poucos, porém, ficam além de uma hora e meia no local e quase sempre chegam todos juntos, na hora mais quente do dia.

2 Guias Licenciados nas Ruínas Maias

Chichén Itzá, Uxmal e Cobá têm guias oficiais, que mostram as ruínas cobrando por hora. Falam várias línguas e em geral dão boas informações. Em sítios menores, os guias normalmente não têm tanto conhecimento.

3 Passeios Aéreos

A Aerosaab, de Playa del Carmen e de Isla Mujeres, e a Aerobanana, de Cozumel, oferecem passeios em aviões leves. A Helitours faz voos de helicóptero por Cancún *(p. 57)*.

4 City Tours

O ônibus que faz o Paseo Turístico em Mérida sai do Parque Santa Lucía quatro vezes ao dia, sete dias na semana – percorre as principais atrações em duas horas. O bonde de Campeche, o Tranvía de la Ciudad, faz passeios saindo do Parque Principal, e o ônibus El Guapo passa pelos museus-fortalezas San José e San Miguel.

5 Ecopasseios e Ecoaventuras

Agências oferecem bons passeios de um dia na reserva de Sian Ka'an *(pp. 20-1)*, e cada vez mais empresas fazem tours pela natureza e de observação de aves.

6 Guias Locais

Barqueiros locais em Río Lagartos e Celestún fazem passeios para ver flamingos; e alguns pescadores nos Petenes de Campeche levam a lugares que você nunca descobriria sem o seu auxílio. Em Puerto Morelos, o residente americano Goyo Morgan oferece uma popular "aventura na selva".

7 Cenotes

Os cenotes são uma atração única do Yucatán *(pp. 52-3)*. Operadoras especializadas oferecem passeios, incorporando mergulho ou snorkel, em especial nos arredores de Tulum.

8 Mergulho

Muitas lojas de mergulho na Riviera oferecem "cursos de resort" de um dia para iniciantes, cursos longos e mergulhos à noite.

9 Snorkel

Cozumel é uma ótima área para snorkel. Muitos centros de mergulho e operadoras de barcos, alguns com fundo de vidro, promovem snorkel em recifes na praia.

10 Pesca

Alojamentos de pesca como Boca Paila, em Sian Ka'an, e passeios especiais devem ser agendados muito antes. Para pesca mais casual, os melhores lugares para achar capitães com bons barcos são Isla Mujeres, Cozumel, Puerto Morelos e a ilha de Holbox.

Agenda

Passeios Aéreos

• Aerosaab, (998) 865 42 25, www.aerosaab.com

Ecopasseios e Guias

• Ecoturismo Yucatán, (999) 920 2772, www.ecoyuc.com.mx • Altour-native, (984) 803 9999 • Best Day, (998) 287 3617 • Ecocolors, (998) 884 9580, www.ecotravelmexico.com

Mergulho e Cenotes

• Almost Heaven Adventures, Puerto Morelos, (998) 846 8009 • Aquatech-Villas de Rosa, Akumal, (984) 875 9020, www.cenotes.com • Cenote Dive Center, Tulum, (984) 876 3285, www.cenotedive.com • Squalo Adventures, Isla Mujeres, (998) 274 1644, www.squaloadventures.com.mx • Phocea Caribe, Playa del Carmen, (984) 873 1210 • Aquaworld, Cancún, (998) 848 8326, www.aquaworld.com.mx • Yucatek Divers, Playa del Carmen, (984) 803 2836

Casa de lanches; Restaurante; Temperos típicos mexicanos

TOP 10 Onde Comer e Beber

1 Restaurantes e Loncherías

Qualquer local que se denomine restaurante em geral é mais limpo e confortável do que uma *lonchería* (onde se faz o "lonch") com suas cadeiras de plástico, ou uma *cocina económica* ("cozinha barata"), onde se come a comida local básica.

2 Barracas de Lanches

Mexicanos vivem fazendo uma boquinha. Em toda cidade há barracas ou carrinhos de tacos, *tortas* (enrolados) e *antojitos* (petiscos), sorvete ou frutas já sem casca. O recheio de taco mais popular no Yucatán é a *cochinita pibil* – carne de porco marinada com pimenta. É barato e em geral não faz muita bagunça no estômago.

3 Lojas de Sucos

As frutas no Yucatán são frescas e suculentas, desde o familiar melão às tropicais mangas e mameys. As lojas de sucos em geral os servem de três maneiras: como suco simples; como *licuado*, batido com leite ou água; e como *agua*, isto é, suco diluído com água e gelo *(p. 71)*.

4 Café da Manhã

A primeira refeição do dia, antes que o calor aumente muito, é parte importante da dieta do mexicano. Muitos restaurantes servem café da manhã reforçado, com ovos, feijão e molhos, além de frutas frescas.

5 Refeições

A refeição de pratos fixos não se encaixa bem na cozinha mexicana, que tem pratos pequenos, estilo petiscos, e outros grandes demais, como as travessas de peixes, frutos do mar e saladas. Não é comum haver primeiro, segundo prato e sobremesa. Quando há o primeiro, costuma ser uma sopa bem forte.

6 Temperos e Seus Riscos

Nos restaurantes você vê em geral duas tigelas de molho. O vermelho é moderado; o verde, feito com chilis *habanero*, faz alucinar um não iniciado. Mas muitos pratos locais são mais aromáticos do que temperados.

7 Contas e Gorjetas

Os garçons só trazem a conta (*la cuenta* ou *la nota*) quando você pede. A gorjeta é praxe – em geral 10% –, mas na Riviera os garçons recebem os 15% dos EUA. Alguns restaurantes agora incluem uma taxa de serviço de 10% na conta, e nesse caso não é preciso dar mais nada.

8 Cerveja e Vinho

As cervejas do México são um sucesso de exportação. Além das marcas conhecidas no exterior (Corona, Dos Equis, Superior), o Yucatán tem sua própria cervejaria, a Montejo, com uma ótima cerveja leve (Montejo Especial), além da León Negra. Nos restaurantes é mais comum cerveja do que vinho, pois combina com a comida local. A qualidade do vinho mexicano melhorou, mas os restaurantes em geral têm poucas opções. Os mais finos têm vinhos dos EUA, Europa e Chile, a preços altos.

9 Tequila

A Tequila vem de Jalisco, México Central, mas é encontrada por todo o Yucatán, e alguns bares da Riviera fazem degustações de várias marcas diferentes. O tipo *blanco* é a tequila jovem; o *reposado* envelhece até onze meses; o *añejo*, mais escuro, envelhece até cinco anos. Mas com tanta exportação, a bebida acabou ficando cara no seu próprio país.

10 Cantinas

A *cantina* é o tipo mais tradicional de bar mexicano. Antes as leis impediam as mulheres de frequentá-las, e também que qualquer pessoa de fora pudesse ver seu interior. Ainda há *cantinas* à moda antiga, com portas semiocultas por anteparos. Mas agora são mais comuns as do tipo moderno, na verdade bem confortáveis.

Las Palapas; Cabañas María del Mar; Genesis Retreat

TOP 10 Hotéis Estilo Cabaña

1 Mahekal Beach, Playa del Carmen

A última palavra em *cabaña* de luxo: cabanas de praia com teto de palha e tradicionais adereços mexicanos, e conforto cinco-estrelas. As coberturas são excepcionais. *C/ 38 Norte com Quinta Av • Mapa Q4 • (984) 873 0579 • www.mahekalbeachresort.com • $$$$$*

2 Las Palapas, Playa del Carmen

Uma atraente vila de praia ao norte de Playa del Carmen. Combina a ideia da palapa (construção tipo cabana de teto de palha seca) com adereços de luxo. Cada unidade é diferente, e as suítes têm atrativo especial. Possui um lindo bar de praia com piscina, e oferece vários esportes aquáticos. *Mapa Q4 • C/34, junto à praia • (984) 873 4260 • www.laspalapas.com • $$$$$*

3 Cabañas María del Mar, Isla Mujeres

Pequena ilha de conforto depois da Playa Norte na Isla, com o mais popular bar da praia, o Buho's, anexo. O edifício principal tem quartos e *cabañas*; alguns são pequenos, mas todos atraentes. Oferece tratamentos de saúde e massagens. *Mapa S1 • Av Carlos Lazo 1 • (998) 877 0179 • www.cabanasdelmar.com • $$$$$*

4 Rancho Sak Ol, Puerto Morelos

Equipado com sua marca registrada, as "camas suspensas" – camas sólidas com cordas, que balançam. As cabinas exibem aspecto bem rústico. Permite usar uma cozinha aberta e oferece ioga. *Mapa R3 • (998) 871 0181 • www.ranchosakol.com • $$$$$*

5 Boca Paila Camps, Tulum

Construída obedecendo a rigorosos requisitos ambientais, esta pousada fica na reserva de Sian Ka'an. Cada "quarto" é uma tenda sólida sobre uma plataforma de madeira. Apesar dos banheiros compartilhados, todo o resto é de luxo. Lindas vistas do mar. *Estrada da Praia, km 10,8 • (984) 871 2499 • www.cesiak.org • $$$$$*

6 Cabañas Paamul, Playa del Carmen

Quartos espaçosos de praia no meio de um camping; alguns são construções modernas, outros são chalés de teto de palha. Tem um bar-restaurante agradável *(p. 94)*, e a praia é quase deserta. *Mapa Q4 • (984) 875 1053 • www.paamul.com • $$$$*

7 Genesis Retreat, Ek-Balam

Uma bela ecopousada, num jardim em torno de uma piscina biofiltrada, com quartos escondidos no meio do verde. Oferece observação de aves e passeios até os sítios maias vizinhos. *Junto à praça da cidade • (985) 100 4805 • www.genesisretreat.com • $$$$$*

8 Papaya Playa, Tulum

Tradicional hotel estilo *cabaña* que tem desde cabinas básicas com chão de areia e banheiro comum a casas para famílias. Fica num trecho amplo de praia tranquila, com vista para o Caribe da maioria dos quartos. *Tulum Boca Paila, km 4.5 • (1) 984 182 7389 •* www.papayaplaya.com• *$$$$$*

9 Cuzan Guest House, Punta Allen

Pousada pequena, com banheiro em todas as cabinas. Hospeda grupos de pesca, por isso cheque antecipadamente. Seu restaurante com chão de areia oferece a pesca do dia. *Mapa G5 • (983) 834 0358 • www.flyfishmx.com • $$$$$*

10 Eco-Paraíso Xixim, perto de Celestún

Este "ecorretiro" fica entre coqueiros e uma praia afastada, ao norte de Celestún, e é melhor acessá-lo num 4x4. Natureza e passeios arqueológicos são a especialidade. As cabinas têm terraços de praia. *Mapa A2 • (988) 916 2100, (55) 55 68 8246 • www.hotelxixim.com • $$$$$*

Cabañas *são chalés com teto de palha seca junto ao mar, luxuosos ou básicos; são refrigerados por ventilador de teto*

Deseo Hotel Lounge; Hacienda Uayamón

Categorias de Preço

Diária de quarto de casal (com café da manhã, se houver), impostos e taxa de serviço.

$	até $20
$$	$20-$45
$$$	$45-$80
$$$$	$80-$130
$$$$$	acima de $130

TOP 10 Haciendas e Hotéis Especiais

1 Maroma, Punta Maroma

Retiro de luxo frequentado por celebridades, atraídas pelos seus 80 hectares de selva densa e pela praia particular. Os quartos são amplos, e há uma piscina ótima e um restaurante refinado. Casais em lua de mel e adeptos de terapias de beleza têm atenções especiais. *Mapa R4 • (998) 872 8200 • www.maromahotel.com • $$$$$*

2 Deseo Hotel Lounge, Playa del Carmen

O máximo do estilo Playa del Carmen, tem camas supermacias, janelas do teto ao chão e decoração contemporânea. A piscina na cobertura tem uma bela vista, e o restaurante é excelente. *Av 5, na Calle 12 • (984) 879 3621 • www.hoteldeseo.com • $$$$$*

3 Acanto Hotel & Suites, Playa del Carmen

Quem procura qualidade, privacidade e estilo vai gostar de ficar neste hotel luxuoso e exótico, e respeitoso com o meio ambiente. Cada unidade tem decoração artística, e o hotel presta muita atenção aos mínimos detalhes. *Mapa Q4 • C/16, entre Av 1 e Av 5 • (984) 873 1252 • www.acantohotels.com • $$$$$*

4 Hacienda Sacnicte, Izamal

Restaurada, essa magnífica fazenda do século XVII oferece o máximo de luxo e é famosa pela ótima culinária de fusão caribenha. *Mapa C2 • (999) 222 6933 • www.haciendasacnicte.com • $$$$$*

5 Hacienda San José Cholul, perto de Mérida

Esta propriedade do século XVII, 30km a leste de Mérida, é uma das aristocráticas fazendas convertidas pelo Grupo Plan. Quartos amplos, com mobília em estilo colonial. *Mapa C2 • (999) 924 1333 • www.haciendasanjosecholul.com*

6 Hacienda Puerta Campeche, Campeche

Várias casas do século XVII restauradas viraram o hotel mais original da área. Os quartos e suítes têm TV por satélite, e o lugar conta com restaurante, bar e piscina. *Mapa A5 • C/59, nº 71 • (981) 816 7508 • www.puertacampeche.com • $$$$$*

7 Hacienda Xcanatún, perto de Mérida

Esta fazenda do século XVIII tem dezoito suítes, com terraço e banheira de hidro, em meio a jardins. Oferece bar com terraço, spa, duas piscinas e restaurante, o Casa de Piedra *(pp. 70-1)* *Mapa C2 • Xcanatún, 12km ao norte de Mérida • (999) 930 2140 • www.xcanatun.com • $$$$$*

8 Hacienda Temozón, perto de Uxmal

O lugar mais luxuoso para se hospedar perto de Uxmal fica 45km ao norte das ruínas. A casa principal, do século XVII, o restaurante no terraço e a piscina são sensacionais. *Mapa C4 • (999) 923 8089 • www.haciendatemozon.com • $$$$$*

9 Hacienda Santa Rosa, perto de Mérida

Esta outra fazenda do Plan, com onze quartos e suítes, fica em área pouco conhecida, na estrada Mérida-Campeche. São quartos altos, em estilo colonial, alguns com seu próprio jardim. O bar (na antiga capela), a piscina e o restaurante são de alto nível. *Mapa C2 • (999) 923 1923 • www.haciendasantarosa • $$$$$*

10 Hacienda Uayamón, Campeche

A mais isolada do Plan, numa ex-fazenda de *henequen* (sisal para cordas). A conversão foi muito benfeita, e a piscina – nas ruínas de um edifício sem teto – é sensacional. *Mapa A5 • (981) 813 0530 • www.haciendauayamon.com • $$$$$*

A menos que especificado, os restaurantes servem pratos vegetarianos; telefone incluído apenas quando cabível

Presidente Intercontinental; Casa de los Sueños; Hacienda Chichén

TOP 10 Hotéis de Luxo

1 Ritz Carlton, Cancún

Top de linha em luxo em Cancún, o Ritz Carlton parece o maior palácio renascentista italiano já construído. São 365 quartos com vista para o mar, sacadas ou terraços. Tem uma praia particular e cinco restaurantes. ✎ *Mapa L5 • Retorno del Rey 36 • (998) 881 0808 • www.ritzcarlton.com • $$$$$*

2 JW Marriott, Cancún

Este grande hotel de Cancún é vizinho de outro da mesma empresa, um pouco mais velho, o Casa Magna. Tem instalações de primeira, do luxuoso spa aos inúmeros acessórios eletrônicos nos quartos. ✎ *Mapa K/L5 • Blvd Kukulcán, km 14,5 • (998) 848 9600 • www.marriott.com • $$$$$*

3 Fiesta Americana Praia Grand Coral, Cancún

Com cascatas de plantas de suas sacadas, o imenso Coral Beach tem 602 quartos e uma longa lista de instalações, de quadras de tênis a uma pista de jogging. ✎ *Mapa L4 • Blvd Kukulcán, km 9,5 • (998) 881 3200 • www.fiestaamericana.com • $$$$$*

4 Hotel Secreto, Isla Mujeres

Este hotel pequeno fica escondido no lado mais distante de Isla Mujeres. Embora dê para ir a pé ao centro da cidade, sua localização é tranquila. Tem camas com dossel e vistas do Caribe nas nove suítes. Conta com uma longa piscina e um bar "living room" ao ar livre. ✎ *Playa Norte • (998) 877 1039 • www.hotelsecreto.com • $$$$$*

5 Villa Rolandi, Isla Mujeres

Hotel pequeno no lado oeste da laguna Macax, com a própria praia e rampa de barcos, e linda vista de Cancún. Não aceita crianças menores de 13 anos – atrai muitos casais em lua de mel. Toda sacada tem uma banheira de hidro. ✎ *Mapa L1/2 • Fraccionamiento Laguna Mar • (998) 999 2000 • www.villarolandi.com • $$$$$*

6 Casa de los Sueños, Isla Mujeres

Pousada isolada no sul de Isla Mujeres. São oito quartos espaçosos, piscina e terraço para o mar, em estilo mexicano contemporâneo: com impacto visual e muito conforto. ✎ *Mapa L2 • Carretera Garrafón • (998) 877 0651 • www.casasuenos.com • $$$$$*

7 Presidente Intercontinental, Cozumel

Grande para Cozumel, mas pequeno pelos padrões de Cancún (253 quartos), é um dos hotéis há mais tempo na ilha. Desfruta de excelente localização, com sua própria praia e marina. Pode arranjar passeios para mergulho e pesca. ✎ *Mapa R5 • Carretera a Chankanaab, km 6,5 • 1 877 660 8550 • www.intercontinental.com • $$$$$*

8 Hacienda Chichén, Chichén Itzá

Fica numa hacienda colonial perto das ruínas de Chichén Itzá. Os quartos são arejados, e a maioria fica nos chalés usados por arqueólogos na década de 1920. Apresenta um charme antigo. ✎ *Mapa E3 • (999) 920 8407 • www.haciendachichen.com • $$$$$*

9 Fiesta Americana, Mérida

Principal hotel de Mérida, moderno mas construído num estilo ornamentado de mansão francesa, com espetaculares vitrais no átrio. Os quartos são espaçosos e bem equipados. ✎ *Mapa C2 • Paseo de Montejo 451 • (999) 942 1111 • www.fiestamericana.com • $$$$$*

10 Hacienda Uxmal

Grande hotel perto das ruínas de Uxmal, construído na década de 1950 com arejados pátios coloniais. Quartos grandes, mobília elegante em madeira e varandas. O serviço é bom. ✎ *Mapa C4 • 1(998) 887 2495 • www.mayaland.com • $$$$$*

Quase todos os hotéis de luxo em Cancún oferecem pacotes para estadia curta com ótimo desconto, por meio de agências no exterior

Reef Resort

Categorias de Preço

Diária de quarto de casal (com café da manhã, se houver), impostos e taxa de serviço.		
	$	até $20
	$$	$20-$45
	$$$	$45-$80
	$$$$	$80-$130
	$$$$$	acima de $130

TOP 10 Hotéis-Resort

1 Gran Oasis, Cancún

A começar pelos 1.316 quartos, tudo neste hotel-resort é em grande escala. Os edifícios principais são três pirâmides imensas; tem treze bares, oito restaurantes, a casa noturna Up & Down e uma das maiores piscinas da América Latina. Oferece muitos esportes aquáticos e festas temáticas. ® *Mapa K5 • Blvd Kukulcán, km 16,5 • (998) 881 7000 • www.oasishoteles.com • $$$$$*

2 Club Med Cancún

Espaçoso, com as exuberantes instalações esportivas típicas do Club Med – suficientes até quando os 456 quartos lotam. Tem várias diversões para jovens, e uma discoteca techno. ® *Mapa K6 • Punta Nizuc, Blvd Kukulcán, km 20 • (998) 881 8200 • www.clubmed.com • $$$$$*

3 Moon Palace Golf e Resort, perto de Cancún

O maior de todos os resorts, com 2.131 quartos estilo casa de praia. Oferece todas as atividades possíveis e catorze restaurantes – sempre cheios. ® *Mapa R3 • (998) 881 6000 • www.moonpalacecancun.com •* $$$$$

4 Marina e Spa El Cid Riviera Maya, Puerto Morelos

Combina arquitetura colonial e moderna. Os hóspedes podem mergulhar no Parque de Recifes Puerto Morelos, em frente ao hotel. ® *Blvd El Cid Unidad 15, Puerto Morelos • (998) 872 8999 • www.elcid.com • $$$$$*

5 Reef Resort, Playacar

Bem mais barato do que a maioria dos lugares onde todas as refeições estão inclusas na diária. Os quartos e a comida são básicos, mas a praia e a piscina, excelentes. O preço baixo e o estilo simples são o segredo. ® *Mapa H3 & Q4 • Av Xaman Ha, Playacar • (984) 873 4120 • www.thereefresorts.com • $$$$$*

6 Royal Hideaway, Playa del Carmen

Este resort do tipo tudo incluído orgulha-se de sua comida, com opções de culinária espanhola, asiática e italiana. Os quartos têm ventilador de teto, mobília de vime e vestíbulo de madeira. ® *Lote 6, Playacar • (984) 873 4500 • www.occidentalhotels.com • $$$$$*

7 Iberostar Cozumel

Com 300 quartos, boa localização para mergulho no sudoeste da ilha, perto de Punta Francesa, e uma praia excelente em frente. Assim como o Tucán, oferece muitas opções de atividades. ® *Mapa R6 • (987) 872 9900 • www.iberostar.com • $$$$$*

8 Barceló Maya Beach Resort, Puerto Aventuras

Outro gigante, dividido em dois: o Barceló Maya Beach (612 quartos) e o Barceló Maya Garden ao lado (408 quartos). Eles compartilham mais de 2km de praia e oferecem muita coisa em sua diária do tipo tudo incluído. Os destaques são a casa noturna sob uma palapa gigante e o luxuoso bufê à beira da praia. ® *Mapa Q5 • (984) 875 1500 • www.barcelo.com • $$$$$*

9 Secrets Capri Riviera Cancun, Playa del Carmen

Apenas alguns minutos ao norte de Playa del Carmen, este resort "tudo incluído" só para adultos ainda parece isolado. O hotel tem excelentes restaurantes à la carte e uma linda praia. ® *Carretera Federal 387, km 299 • (984) 873 4880 • www.secretsresorts.com/capri • $$$$$*

10 Akumal Beach Resort, Akumal

Resort de porte médio com uma piscina imensa que serpenteia ao lado de alguns quartos. Fica a uma curta caminhada, pela praia, da vila de Akumal, por isso quem gosta da praticidade dos "tudo incluído" pode também dar uma voltinha fora quando quiser. ® *Mapa P5 • (984) 875 7500 • www.akumalbeachresort.com • $$$$$*

Todos os hotéis-resort aqui listados têm diárias completas, cobrindo algumas ou todas as refeições, bebidas e atividades como mergulho

Caribe Internacional; Hotel Flamingo; Piedra Escondida

TOP 10 Hotéis de Faixa Média na Riviera

1 Plaza Caribe, Cancún
O maior chamariz deste grande hotel é ficar bem em frente ao terminal de ônibus de Cancún, por isso tem bom movimento. Mas, apesar do trânsito pesado da área, é bem tranquilo dentro, com lindos jardins, ótima piscina e quartos bem mobiliados. *Mapa J3 • Av Tulum nº 19, esquina Av Uxmal • (998) 884 1377 • www.hotelplazacaribe.com • $$$$*

2 Caribe Internacional, Cancún
Hotel de 80 quartos numa parte bem agitada de Ciudad Cancún, perto do mercado e junto aos restaurantes da Avenida Yaxchilán. Os quartos são modernos, espaçosos, simples e iluminados, a piscina é boa e a relação custo-benefício também. *Mapa J3 • Av Yaxchilán 36-37 • (998) 884 3999 • www.caribeinternacional.com • $$$$*

3 Villa Kiin, Isla Mujeres
Cada quarto é diferente – alguns à beira-mar, outros como pequenas casas de praia –, mas sempre confortáveis e com tecidos mexicanos. A localização é ótima, em frente à tranquila laguna de Playa Secreto. Tem snorkels para os hóspedes. *Mapa L1 • C/Zazil-Ha nº 129, Playa Norte • (998) 877 1024 • www.villakiin.com • $$$$*

4 Hotel Faro Viejo, Holbox
Melhor hotel de Holbox, perto da rua principal. Os quartos são em estilo mexicano: duplos e de casal no andar superior, com sacadas, e suítes no térreo com quitinete e terraço. Tem donos simpáticos e um ótimo restaurante. *Mapa G1 • C/Juárez, na praia • (984) 875 2217 • www.faroviejoholbox.com.mx • $$$$*

5 Hotel Flamingo, Cozumel
No início era um hotel de mergulho e ainda hoje oferece vários pacotes para os fãs da atividade. Mesmo que você não seja um deles, é confortável, com bons quartos e bar na cobertura. *Mapa R5 • Calle 6 N nº 81 • (987) 872 1264 • www.hotelflamingo.com • $$$$*

6 Casa Tucán, Playa del Carmen
Parece pequeno visto da rua, mas é um labirinto de pátios, jardins e escadas em espiral, que leva a uma piscina à sombra. Os donos oferecem pacotes com a escola Yucatek Divers *(p. 124)*. *Mapa Q4 • C/4, entre Av 10 e Av 15 • (984) 873 0283 • www.casatucan.de • $$$*

7 Mom's Hotel, Playa del Carmen
Tradicional hotel do texano Ricco Merkle, com ambiente acolhedor. Os quartos são um pouco antiquados, mas confortáveis e bonitos. Tem piscina e um bar na cobertura, ótimo para conhecer pessoas. *Mapa Q4 • Av 30, junto à C/4 • (984) 873 0315 • www.momshotel.com • $$$*

8 Aquatech – Villas de Rosa, Akumal
Os donos Nancy e Tony de Rosa são especialistas em mergulho em caverna, e muitos de seus hóspedes praticam a atividade. O local é bem equipado também para famílias. *Mapa P5 • Km 115, Carrt. Puerto Aventuras-Akuma • (984) 875 9020 • www.cenotes.com • $$$$$*

9 Tankah Dive Inn
Hotel tranquilo na Riviera, dispõe de poucos quartos, confortáveis e com personalidade. O mergulho é a grande atração, mas pode-se simplesmente ficar na praia e apreciar a ótima cozinha. *Mapa P6 • Bahía Tankah nº 16, Tulum • (984) 100 1512 • www.tankah.com • $$$$$*

10 Piedra Escondida, Tulum
Quartos em *cabañas*, com boa ducha e linda vista. O restaurante serve uma mistura de comida italiana e mexicana. *Mapa P6 • Km 3,5 Tulum Ruinas, Boca Paila Rd • (984) 100 1443 • www.piedraescondida.com • $$$$$*

Exceto quando houver ressalva, todos os hotéis aceitam cartões de crédito, têm banheiro privado e ar-condicionado

Ecotel Quinta Regia

Categorias de Preço

Diária de quarto de casal (com café da manhã, se houver), impostos e taxa de serviço.		
	$	até $20
	$$	$20-$45
	$$$	$45-$80
	$$$$	$80-$130
	$$$$$	acima de $130

TOP 10 Hotéis de Faixa Média Fora da Riviera

1 Ecotel Quinta Regia, Valladolid

Em estilo neoclássico, combina um visual mexicano com adereços modernos. Os melhores quartos dão para um bonito jardim. A piscina é isolada e o restaurante utiliza produtos da horta *(p. 103)*. *Ⓢ Mapa E3 • C/40 nº 160A, entre C/27 e C/29 • (985) 856 3476 • www.ecotelquintaregia.com.mx • $$$$*

2 El Marqués, Valladolid

Hotel clássico, numa linda casa colonial, com quartos em torno de vários pátios elegantes e floridos. Tem ótimo restaurante *(p. 103)* e piscina. *Ⓢ Mapa E3 • C/39 nº 203, no Parque Principal • (985) 856 2073 • www.elmesondelmarques.com • $$$$*

3 Hotel Dolores Alba, Chichén Itzá

Melhor custo-benefício em Chichén, este hotel à beira da estrada tem quartos claros, um restaurante e duas piscinas. Os donos também dirigem um hotel em Mérida *(item 7)*, por meio do qual pode-se fazer a reserva. *Ⓢ Mapa E3 • Hwy 180, a 3km de Chichén Itzá • (985) 858 1555 • www.doloresalba.com • $$$*

4 Hotel San Felipe, San Felipe

Hotel bem-vindo aos arredores de Río Lagartos, onde costumava ser difícil encontrar hospedagem. O restaurante junto à água é delicioso, e todos os quartos são espaçosos e têm uma área de descanso. *Ⓢ Mapa E1 • C/9, entre C/14 e C/16 • (986) 862 2027 • $$$*

5 La Misión de Fray Diego, Mérida

Esta bela mansão do século XVII foi convertida numa mistura de peças antigas e banheiros bem modernos, com piscina e outros serviços. Alguns quartos têm um clima de mansão espanhola; outros são mais comuns, e os preços variam de acordo. *Ⓢ Mapa C2 • C/61 nº 524, entre C/64 e C/66 • (999) 924 1111 • www.lamisiondefraydiego.com • $$$$*

6 Hotel Marionetas, Mérida

Antes um teatro de marionetes, o edifício colonial cerne deste hotel foi muito bem reformado, com os quartos pintados em tons pastel. Tem uma grande piscina e serve café da manhã delicioso. *Ⓢ C/49 nº 516, entre C/62 e C/64 • (999) 928 3377 • www.hotelmarionetas.com • $$$$*

7 Hotel Dolores Alba, Mérida

Um dos mais populares de Mérida, com uma atmosfera relaxada. Por trás da fachada sóbria, os quartos em volta da piscina são bem modernos e baratos. *Ⓢ Mapa C2 • C/63 nº 464, entre C/52 e C/54 • (999) 928 5650 • www.doloresalba.com • $$$*

8 Casa Hamaca, Valladolid

Grande pousada com jardim de árvores e um ar de casa de campo. Oferece camas confortáveis e serviços de spa e café da manhã saudável. *Ⓢ Parque San Juan, C/49 nº 202-A com C/40 • (985) 100 4272 • www.casahamaca.com • $$$$*

9 Hacienda Uxmal, Uxmal

Esse Hacienda é parte de uma pequena cadeia de hotéis em alguns dos antigos sítios maias, em estilo fazenda mexicana, com quartos charmosos e exuberantes jardins. O de Uxmal tem ótimo custo-benefício. *Ⓢ Mapa C4 • (997) 976 2040 • www.mayaland.com • $$$$*

10 Hotel Baluartes, Campeche

Campeche tem uma opção limitada de hotéis. Este edifício alto da década de 1970, de frente para o mar, é mais confortável do que a maioria. Garanta um quarto com vista para o maravilhoso pôr do sol do golfo do México. *Ⓢ Mapa A5 • Av 16 de Septiembre 128 • (981) 816 3911 • www.baluartes.com.mx • $$$$*

Embora geralmente o café da manhã não venha incluído na diária, torna-se um item mais comum nos hotéis do Yucatán

Tamarindo; Amigo's Hostel; Casa Mexilio

TOP 10 Pousadas e B&Bs

1 Amigo's Hostel, Cozumel

Dois grandes dormitórios mistos e um quarto privativo com cozinha e terraço, dispostos em volta de piscina e jardim. Adequado para famílias; o café da manhã (incluso) é servido numa *palapa* (galpão com teto de palha seca). *Mapa R5 • Calle 7 Sur nº 571, entre a Av 30 e 25 col. Centro, Cozumel • (987) 872 3868 • www.bacalar.net • $$$*

2 Tamarindo, Cozumel

Os donos desta casa com jardim coberto são franco-mexicanos e puseram muita energia e estilo nela. Cada um dos cinco quartos tem seu próprio estilo, a cozinha é aberta, os cafés da manhã são generosos e a clientela é fiel. Os dois dirigem também o Palapas Amaranto, vizinho, com suítes independentes. *Mapa R5 • Calle 4 Norte 421 (entre 20 e 25) • (987) 872 3614 • $$$*

3 Amar Inn, Puerto Morelos

Este bed & breakfast à beira mar tem lindas vistas e oferece um ambiente rústico. A decoração é tradicional e cada quarto exibe uma cor diferente. Agenda passeios para atrações turísticas vizinhas. O lugar certo para quem quer algo típico da região. *Mapa R3 • Av Rojo Gómez • (998) 871 0026 • $$$$*

4 Flycatcher Inn, Santa Elena

Bonito B&B decorado com mobília local e tapeçarias de parede. Os donos conhecem bem a história dos sítios arqueológicos vizinhos. *Calle 20, junto à Rod-261 • (997) 978 5350 • www.flycatcherinn.com • $$$*

5 Posada Sirena, Punta Allen

Punta Allen é destino de mochilheiros, e esta pousada faz bem esse gênero, com uma atitude despreocupada por parte de sua dona, Serena, uma pessoa muito peculiar. Suas duas cabinas têm cozinha e redes. Ela mesma pode agendar pesca e mergulho. *Mapa G5 • Fax (984) 139 1241 • www.casa sirena.com • $$$*

6 Macanché, Izamal

Izamal é uma cidade bem tranquila, mas o jardim murado que abriga este B&B leva essa característica ao limite. Pequenos chalés pontuam o jardim, cada um com sua criativa decoração; um deles tem cozinha. *Mapa D2 • C/22 nº 305, entre C/33 e C/35 • (988) 954 0287 • www.macanche.com • $$$*

7 Casa Mexilio, Mérida

Pousada peculiar, num excelente edifício antigo. Os corredores e os oito quartos têm mobília tradicional e antiguidades, e os donos, mexicano-americanos, criaram toques originais, como uma piscina em forma de caverna e dois bares. *Mapa C2 • C/68 nº 495, entre C/59 e C/57 • (999) 928 2505 • www.casamexilio.com • $$$*

8 Casa Del Maya B&B, Mérida

Antes o lar de uma antiga família de Mérida, esta casa do século XIX foi muito bem restaurada e tem agora seis quartos elegantes, de pé-direito alto. *Mapa C2 • C/66 nº 410-A, entre C/45 e C/47, Centro • (1) 999 181 1880 • www.casadelmaya.com• $$$*

9 Luz en Yucatán, Mérida

Antes parte de um convento, esta casa é agora um retiro urbano com apartamentos modernos e uma piscina, e tem ótimo preço. Pode providenciar terapias de saúde. *Mapa C2 • C/55 nº 499, entre C/58 e C/60 • (999) 924 0035 • www.luzenyucatán.com • $$$*

10 Medio Mundo, Mérida

No coração da cidade, esta casa colonial apresenta decoração singular. Os dez quartos têm mobília simples e dão para um pátio central. *Mapa C2 • C/55 nº 533 • (999) 924 5472 • www.hotelmediomundo.com • Alguns quartos não têm ar-condicionado • $$$$*

Exceto quando houver ressalva, todos os hotéis aceitam cartões de crédito, têm banheiro privado e ar-condicionado

Posada Amor; Cabañas Copal

Categorias de Preço

Diária de quarto de casal (com café da manhã, se houver), impostos e taxa de serviço.

$	até $20
$$	$20-$45
$$$	$45-$80
$$$$	$80-$130
$$$$$	acima de $130

TOP 10 Hotéis Econômicos

1 Hostel Quetzal, Cancún

Situado no centro, esse albergue popular oferece dormitórios e quartos privativos com ar-condicionado, alguns com banheiro contíguo. Café da manhã e jantar inclusos; coquetel toda noite. ✎ *Mapa J3 • Orquideas 10, Mz 14 • (998) 883 9821 • http://quetzal-hostel.com • $$*

2 Hotel Carmelina, Isla Mujeres

O tranquilo Carmelina há anos recebe viajantes econômicos. Os quartos ficam em volta de um grande pátio. Simples, mas agradáveis. Todos têm chuveiro, e alguns, ar-condicionado. ✎ *Mapa L1 • Isla Town, entre Av Abasolo e Av Guerrero • (998) 877 0006 • $$*

3 Hotel Pepita, Cozumel

Os donos, solícitos, fazem a diferença neste hotel grande e popular. Os quartos são bem cuidados e têm ar-condicionado e frigobar, além de café da manhã como cortesia. ✎ *Mapa R5 • Av 15A Sur 120 • (987) 872 0098 • www.hotelpepitacozumel.com • $$*

4 Posada Amor, Puerto Morelos

Oferece os melhores quartos de baixo preço de Puerto Morelos, um restaurante popular e um clima amistoso. Os quartos são de tamanhos e formas diferentes. ✎ *Mapa R3 • Na plaza • (998) 871 0033 • Alguns quartos não têm ar-condicionado • www.posada-amor.wix.com/puertom • $$$*

5 Popol Vuh, Playa del Carmen

Um notável sobrevivente dos dias hippies de Playa, graças à sua localização privilegiada na praia. Dentro de dois recintos ajardinados você pode escolher entre *cabañas* simples, com ou sem ducha, um quarto privativo ou um dormitório compartilhado. ✎ *Mapa Q4 • C/2, entre a Av 5 e a praia • Alguns quartos não têm ar-condicionado, nem banheiro privativo • (984) 803 2149 • $$$*

6 Cabañas Copal, Tulum

Núcleo de 32 *cabañas* bem gerenciado, junto às palmeiras da praia. Várias opções de *cabañas*, para casal, simples (com ou sem ducha), e tamanho família, algumas com vista do mar. Tem clima relaxado, restaurante e dois bares. ✎ *Mapa P6 • Estrada da Praia, km 3,5 • (1) 866 471 3472 • www.cabanascopal.com • $$$*

7 Albergue La Candelaria, Valladolid

Filiado à AMAJ, este albergue numa linda casa antiga tem excelentes dormitórios, banheiros compartilhados, uma área comum e pátio, café grátis e acesso à internet barato. ✎ *Mapa E3 • C/35 nº 201F, entre C/42 e C/44 • (985) 856 2267 • www.hostelvalladolidyucatan.com • $*

8 Nómadas Hostel, Mérida

Um dos hotéis mais econômicos de Mérida, com quartos arejados, alguns de casal. Possui uma cozinha aberta, área comum e acesso barato à internet. ✎ *Mapa C2 • C/62 nº 433, junto à C/51 • (999) 924 5223 • www.nomadastravel.com • $$*

9 Hotel Plaza, Ticul

Relaxado e agradável, na praça principal de Ticul. Os quartos são espaçosos, confortáveis, com bons banheiros, TV, ventilador ou ar-condicionado; escolha um que dê para a praça. ✎ *Mapa C4 • C/23 nº 202, junto à plaza • (997) 972 0484 • www.hotelplazayucatan.com • $$*

10 Bangalôs Sacbé, perto de Uxmal

A melhor acomodação econômica perto de Uxmal é neste acolhedor lugar ao sul da vila de Santa Elena. O casal mexicano-francês que mora aqui oferece espaço para acampar (com boa ducha e energia solar), camas em dormitórios e bonitos quartos de casal, com ducha, em cabinas. Serve refeições. ✎ *Mapa C4 • perto de Santa Elena • (997) 978 5158 • www.sacbebungalows.com.mx • $$*

A maioria dos hotéis exige pagamento em dinheiro

Índice

Os números de página em **negrito** referem-se à entrada principal.

Agradecimentos

O Autor
Nick Rider mora em Londres e é escritor de viagens freelance e editor.

Produzido por
BLUE ISLAND PUBLISHING,Londres
www.blueisland.co.uk

Diretora Editorial
Rosalyn Thiro
Diretor de Arte
Stephen Bere
Editores Assistentes
Michael Ellis, Jane Simmonds
Diagramação
Lee Redmond, Ian Midson
Pesquisa Iconográfica
Ellen Root
Assistente de Pesquisa
Amaia Allende
Revisão
Stephanie Driver
Conferência de Dados
Andrea Traconis
Índice
Charlotte Rundall

Fotógrafo Principal
Demetrio Carrasco
Fotografia Adicional
Eva Gleason, Miguel Nuñez, José Eduardo Cervantes Pérez , Rough Guides/Alex Robinson, Clive Streeter, Linda Whitwam e Michael Zebe
Cartografia
Martin Darlison e Tom Coulson na Encompass Graphics

DORLING KINDERSLEY
Publisher
Douglas Amrine
Gerentes Editoriais
Fay Franklin, Kate Poole
Diretora de Arte
Marisa Renzullo
Editor de Cartografia
Casper Morris
Diagramação
Jason Little
Produção
Melanie Dowland

Equipe de revisão
Tora Agarwala, Marta Bescos, Louise Cleghorn, Nicola Erdpresser, Fay Franklin, Eva Gleason, Geoffrey Groesbeck, Katharina Hahn, Lydia Halliday, Victoria Heyworth- Dunne, Integrated Publishing Solutions, Bharti Karakoti, Priya Kukadia, Alison McGill, Sands Publishing Solutions, Quadrum Solutions (pvt) Ltd, Rada Radojicic, Sadie Smith, Susana Smith, Leah Tether, Conrad van Dyk, Ajay Verma, Nikhil Verma, Karen Villabona, Debra Wolter, Steve Wright
Crédito das Imagens
A Dorling Kindersley agradece a todos os estabelecimentos cobertos neste livro por autorizarem a realização de fotos em seus estabelecimentos.

Legendas: a=alto; ae=alto, esquerda; ad=alto, direita; ac=alto, centro; ace=alto, centro, esquerda; c=centro; cd=centro, direita; b=embaixo; be=embaixo, esquerda; bd=embaixo, direita.

ACANTO BOUTIQUE HOTEL: 12bd; AEROMEXICO: 115ae AEROSAAB AIRLINE Playa del Carmen Mexico: 56b; AMIGOS HOSTEL: 132ac PABLO DE AGUINACO: 63c, 64ad; ALAMY IMAGES: Johan Furusjö 82ad; Tony Gale 115ad; Gordon Sinclair 110ae; CORBIS: Robert Landau 8-9; ECOTEL QUINTA REGIA: 103ac; GENESIS ECO-OASIS: 126ad; EVA MARIA GLEASON: 70d, 118acd, 119c; ANDREAS GROSS: 65be; HOTEL DESEO: 127ae; JUSTIN KERR: 25ca; ENRICO MARTINO: 29b; JOSE LUIS MORENO: 47ae, 47bd; MINDEN PICTURES: Claus Meyer 7ae, 21b; GRUPO LA PARRILLA: 70c, 82ac; LA SANTANERA: 61a, 81ad; NANCY SEFTON: 46b, 47ad; SEXTO SOL: Alberto Rios Szalay: 64c; HENN STERLIN: 36ae; MIREILLE VAUTIER: 6a, 25cb, 30ac, 36ad, 36b; LA ZEBRA: 93ad; XCARET MEXICO: 62bd, 62ad. Veja mais informações em www.dkimages.com

Palavras e Frases Úteis

Em uma emergência

Socorro!	**¡Socorro! Auxilio**	so-**co**-rro au-ssí-lio
Pare!	**¡Pare!**	**pa**-re
Chame um médico!	**¡Llame a un médico!**	**lha**-me a **un mê**-di-co
Chame uma ambulância!	**¡Llame una ambulancia!**	lha-me a **una** am-bu-**lan**-ci-a
Chame os bombeiros!	**¡Llame a los bomberos!**	lha-me a los bom-**be**-ros
a polícia	**el policía**	el po-li-cia

Comunicação Essencial

Sim	**Sí**	si
Não	**No**	no
Por favor	**Por favor**	por fa-b**or**
Obrigado	**Gracias**	**gra**-ci-as
Desculpe	**Perdone**	per-**do**-ne
Olá	**Hola**	**o**-la
Tchau	**Chau**	chau
Até mais	**Adiós**	a-di-**os**
O quê?	**¿Qué?**	**que**
Quando?	**¿Cuándo?**	**cuan**-do
Por quê?	**¿Por qué?**	por-**que**
Onde?	**¿Dónde?**	**don**-de
Como vai?	**¿Cómo está usted?**	co-mo es-**tá** us-**tê**
Muito bem, obrigado	**Muy bien, gracias**	mui bi**en** **gra**-ci-as
Prazer em conhecê-lo	**Mucho gusto**	**mu**-tcho **gu**-sto
Até breve	**Hasta pronto**	as-ta **pron**-to
Sinto muito	**Lo siento**	lo si-**en**-to

Frases Úteis

Está ótimo	**Está bien**	es-**ta** bi-**en**
Muito bom!	**¡Qué bien!**	que bi-**en**
Onde está/fica...?	**¿Dónde está/están...?**	**don**-de es-**tá**/es-**tán**
A que distância?	**¿Cuántos metros/ kilómetros hay de aquí a...?**	quan-tos **me**-tros/qui-**lô**-me-tros ai de a-qui a
Como é que eu chego...?	**¿Por dónde se va a...?**	por **don**-de se **ba** a
Você fala inglês?	**¿Habla inglés?**	**a**-bla in-**glês**
Eu não entendi	**No comprendo/ entiendo**	no com-**pren**-do
Eu gostaria	**Quisiera/ Me gustaría**	qui-si-**e**-ra me gu-sta-**ri**a

Palavras Úteis

grande	**grande**	**gran**-de
pequeno	**pequeño/a**	pe-**ke**-nho/nha
quente	**caliente**	ca-li**en**-te
frio	**frío/a**	**fri**-o/a
bom	**bueno/a**	**bue**-no/na
ruim	**malo/a**	**ma**-lo/la
aberto	**abierto/a**	a-bi-**er**-to/ta
fechado	**cerrado/a**	cer-**ra**-do/da
cheio	**lleno/a**	**lhe**-no/na
vazio	**vacío/a**	**ba**-ssi-o/a
esquerda	**izquierda**	is-quier-da
direita	**derecha**	de-**re**-tcha
(siga) reto em frente	**(siga) derecho**	(**se**-ga) de-**re**-tcho
perto	**cerca**	**cer**-ca
longe	**lejos**	**le**-hos
mais	**más**	**mas**
menos	**menos**	**me**-nos
entrada	**entrada**	en-**tra**-da
saída	**salida**	sa-**li**-da
elevador	**el ascensor**	**el** a-ssen-**ssor**
banheiros	**baños/**	ba-nhos/
feminino	**de damas**	de **da**-mas
masculino	**de caballeros**	de ca-ba-**lhe**-ros

Correios e Bancos

Onde posso trocar dinheiro?	**¿Dónde puedo cambiar dinero?**	**don**-de **pue**-do cam-bi-**ar** di-**ne**-ro
Quanto sai mandar uma carta para...?	**¿Cuánto cuesta enviar una carta a...?**	**quan**-to cues-ta-en-bi-ar **u**-na **car**-ta a
Preciso de selos	**Necesito estampillas**	ne-ce-s**si**-to es-tam-**pi**-lhas

Compras

Quando custa isto?	**¿Cuánto cuesta esto?**	quan**n**-to **cues**-ta **es**-to
Eu gostaria...	**Me gustaría...**	me gus-ta-**ri**-a
Vocês têm?	**¿Tienen?**	ti-**e**-nen
Aceita cartão de crédito/ traveler's checks?	**¿Aceptan tarjetas de crédito/ cheques de viajero?**	a-**cep**-tan tar-**he**-tas de c**re**-de-to/ **tche**-ques de bi-a-**he**-ro
Estou procurando...	**Estoy buscando...**	**es**-toi bus-c**an**-do
caro	**caro**	**ca**-ro
barato	**barato**	ba-**ra**-to
branco	**blanco**	**blan**-ko
preto	**negro**	**ne**-gro
vermelho	**rojo**	**ro**-ho
amarelo	**amarillo**	a-ma-**ri**-lho
verde	**verde**	**ver**-de
azul	**azul**	a-**ssul**

oja de antiguidades	**la tienda de antigüedades**	la ti-**en**-da de an-ti-gue-**da**-des
adaria	**la panadería**	la pa-na-de **ri**-a
anco	**el banco**	el **ban**-co
raria	**la librería**	la li-bre-**ri**-a
çougue	**la carnicería**	la car-ni-sse-**ri**-a
oceria	**la pastelería**	la pas-te-le-**ri**-a
alheria	**la joyería**	la ho-ie-**ri**-a
ercado	**el tianguis/ mercado**	el ti-an-gu-is/mer-**ca**-do
anca de jornal	**el puesto de periódicos**	el **pu-es**-to de pe-ri-ô-dicos
correios	**la oficina de correos**	la o-fi-s**si**-na de cor-**re**-os
sapataria	**la zapatería**	la sa-pa-te-**ri**-a
supermercado	**el supermercado**	el su-per-mer-**ca**-do
agência de viagens	**la agencia de viajes**	la a-**hen**-ssi-a de vi-**a**-hes

Transportes

A que horas sai o...?	**¿A qué hora sale el...?**	a **que o**-ra **sa**-le el
Onde fica o ponto de ônibus?	**¿Dónde está la parada de buses?**	**don**-de es-**tá** la pa-**ra**-da de **bu**-sses
Tem ônibus /trem para...?	**¿Hay un camión/ tren a...?**	ai **un** ca-mi-**on/tren** a
plataforma	**el andén**	el an-**den**
bilheteria	**la taquilla**	la ta-**qui**-lha
bilhete de ida e volta	**un boleto de ida y vuelta**	**un** bo-**le**-to de **i**-da i vu-**el**-ta
bilhete só de ida	**un boleto de ida solamente**	**un** bo-**le**-to de **i**-da so-la-**men**-te
aeroporto	**el aeropuerto**	el a-er-o-pu-erto

Atrações

galeria de arte	**el museo de arte**	el mu-**se**-o de **ar**-te
praia	**la playa**	la **pla**-ya
catedral	**la catedral**	la ca-te-**dral**
igreja	**la iglesia/ la basílica**	la i-**gle**-ssi-a/ la ba-**ssi**-li-ca
jardim	**el jardín**	el har-**din**
museu	**el museo**	el mu-**se**-o
pirâmide	**la pirámide**	la pi-**ra**-mide
ruínas	**las ruinas**	las ru-**i**-nas

escritório de informação turística	**la oficina de turismo**	la o-fi-s**si**-na de tu-**ris**-mo
entrada	**la entrada**	la en-**tra**-da
guia (pessoa)	**el/la guía**	el/la **gui**-a
guia (livro)	**la guía**	la **gui**-a
mapa	**el mapa**	el **ma** -pa
ponto de táxi	**sitio de taxis**	**si**-ti-o de **tac**-sis

No Hotel

Têm quarto vago?	**¿Tienen una habitación libre?**	ti-**e**-nen **u**-na a-bi-ta-ssi-**on li**-bre
quarto de casal	**habitación doble**	a-bi-ta-ssi-**on do**-ble
quarto simples	**habitación sencilla**	a-bi-ta-ssi-**on** sen-**ssi**-lha
quarto com banheiro	**habitación con baño**	a-bi-ta-ssi-**on** con **ba**-nho
chuveiro	**la ducha**	la **du**-tcha
Eu tenho uma reserva	**Tengo una habitación reservada**	ten-go **u**-na a-bi-ta-ssi-**on** re-sser-**ba**-da
chave	**la llave**	la **lha**-ve

No Restaurante

Vocês têm mesa para...	**¿Tienen mesa para...?**	ti-**e**-nen me-ssa pa-**ra**
Quero reservar uma mesa	**Quiero reservar una mesa**	qui-e-ro re-sser-**bar u**-na **me**-ssa
A conta,, por favor	**La cuenta, por favor**	la cu**en**-ta por fa-**vor**
Sou vegetariano/a	**Soy vegetariano/a**	soi ve-he-ta-ri-**a**-no/na
garçom/nete	**mesero/a**	me-**sse**-ro/ra
cardápio	**la carta**	la **car**-ta
carta de vinhos	**la carta de vinos**	la **car**-ta de **bi**-nos
copo	**un vaso**	**un ba**-sso
garrafa	**una botella**	**u**-na bo-**te**-lha
faca	**un cuchillo**	**un** cu-**tchi**-lho
garfo	**un tenedor**	**un** te-ne-**dor**
colher	**una cuchara**	**u**-na cu-**cha**-ra
café da manhã	**el desayuno**	el de-ssa-**iu**-no
almoço	**la comida**	la co-**mi**-da
jantar	**la cena**	la **sse**-na
prato principal	**el plato fuerte**	el **pla**-to fu-**er**-te
entradas	**las entradas**	las en-**tra**-das
prato do dia	**el plato del día**	el **pla**-to del **di**-a
gorjeta	**la propina**	la pro-**pi**-na
O serviço está incluído?	**¿El servicio está incluido?**	el ser-**bi**-ssi-o es-**ta** in-clu-**i**-do

As letras em negrito na guia de pronúncia (colunas à direita) indicam as sílabas que devem ser acentuadas.

Cardápio

el aceite	a-**ssei**-te	azeite
las aceitunas	a-ssei-**tun**as	azeitonas
el agua mineral	**a**-gua mi-ne-**ral**	água mineral
sin gas/con gas	sin gas /con gas	sem gás/com gás
el ajo	**a**-ho	alho
el arroz	ar-**roz**	arroz
el azúcar	a-**ssu**-car	açúcar
el plátano	**pla**-ta-no	banana
una bebida	be-**bi**-da	bebida **el café**
ca-**fê**	café	
la carne	**car**-ne	carne
la cebolla	ce-**bo**-lha	cebola
la cerveza	cer-be-**ssa**	cerveja
el cerdo	**sser**-do	carne de porco
el chocolate	tcho-co-**la**-te	chocolate
la ensalada	en-ssa-**la**-da	salada
la fruta	**fru**-ta	**fruta**
el helado	e-**la**-do	sorvete
el huevo	u-**e**-bo	olvo
el jugo	el **hu**-go	suco
la langosta	lan-**gos**-ta	lagosta
la leche	**le**-tche	leite
la mantequilla	man-te-qui-lha	manteiga
la manzana	man-s**sa**-na	maçã
los mariscos	ma-**ris**-cos	frutos do mar
la naranja	na-**ran**-ha	laranja
el pan	**pan**	pão
las papas	**pa**-pas	batatas
el pescado	pes-**ca**-do	peixe
picante	pi-**can**-te	picante
la pimienta	pi-mi-**en**-ta	pimenta
el pollo	**po**-lho	frango
el postre	**pos**-tre	sobremesa
el queso	**ke**-soh	queijo
el refresco	re-**fres**-co	refrigetante
la sal	**sal**	sal
la salsa	**sal**-ssa	molho
la sopa	**so**-pa	sopa
el té	**tê**	chá (em geral camomila)
el té negro	**te ne**-gro	chá preto
la torta	**tôr**-ta	sanduíche
las tostadas	tos-**ta**-das	torradas
el vinagre	ni-**na**-gre	vinagre
el vino blanco	**bi**-no **blan**-co	vinho branco
el vino tinto	**bi**-no **tin**-to	vinho tinto

Números

0	**cero**	**cê**-ro
1	**uno**	**u**-no
2	**dos**	dos
3	**tres**	tres
4	**cuatro**	qua-tro
5	**cinco**	**sin**-co
6	**seis**	seis
7	**siete**	**si**-e-te
8	**ocho**	**o**-tcho
9	**nueve**	**nue**-be
10	**diez**	di-**ês**
11	**once**	**on**-ce
12	**doce**	**do**-ce
13	**trece**	**tre**-ce
14	**catorce**	ca-**tor**-ce
15	**quince**	**quin**-ce
16	**dieciséis**	di-e-ci-s**se-is**
17	**diecisiete**	di-e-ci-ssi-**e**-te
18	**dieciocho**	di-e-ci-**o**-tcho
19	**diecinueve**	di-e-ci-**nue**-be
20	**veinte**	**be**-in-te
21	**veintiuno**	be-in-ti-**u**-noh
22	**veintidós**	be-in-ti-**dos**
30	**treinta**	**tre**-in-ta
31	**treinta y uno**	tre-in-ta i **u**-no
40	**cuarenta**	qua-**ren**-ta
50	**cincuenta**	cin-qu**en**-ta
60	**sesenta**	se-s**sen**-ta
70	**setenta**	se-**ten**-ta
80	**ochenta**	o-t**chen**-ta
90	**noventa**	no-**ben**-ta
100	**cien**	si-**en**
101	**ciento uno**	si-**en**-to **u**-no
102	**ciento dos**	si-**en**-to **dos**
200	**doscientos**	dos-si-**en**- tos
500	**quinientos**	qui-ni-**en**-tos
700	**setecientos**	se-te-ci-**en**-tos
900	**novecientos**	no-ve-ci-**en**-tos
1.000	**mil**	mil
1.001	**mil uno**	**mil u**-no

Tempo

um minuto	**un minuto**	**un** mi-**nu**-to
uma hora	**una hora**	**u**-na **o**-ra
meia hora	**media hora**	**me**-di-a **o**-ra
uma e meia	**la una y media**	la **u**-na i **me**-di-a
segunda	**lunes**	**lu**-nes
terça	**martes**	**mar**-tes
quarta	**miércoles**	mi-**er**-co-les
quinta	**jueves**	hu-**e**-bes
sexta	**viernes**	bi-**er**-nes
sábado	**sábado**	**sa**-ba-do
domingo	**domingo**	do-**min**-go